Informations légales

© 2023
Auteur et éditeur : M.Eng. Johannes Wild
A94689H39927F
E-mail : 3dtech@gmx.de

Les mentions légales complètes du livre se trouvent dans les dernières pages !

Cette œuvre est protégée par le droit d'auteur

Préface

Merci d'avoir choisi ce livre !

Vous souhaitez approfondir vos connaissances et vos compétences en matière de conception CAO avec le logiciel "FreeCAD", étape par étape ? Alors vous êtes au bon endroit ! Grâce à neuf projets de conception de difficulté moyenne, ce cours pratique vous permettra d'apprendre de nouvelles approches et de nouvelles fonctionnalités du logiciel "FreeCAD" et d'améliorer ainsi vos compétences en CAO.

Ce cours est fait pour vous si vous êtes déjà un débutant dans "FreeCAD" et / ou si vous avez suivi le cours pour débutants. Si ce n'est pas votre cas, veuillez d'abord consulter le cours pour débutants. Vous le trouverez à l'adresse "FreeCAD | étape par étape".

Je suis ingénieur et j'essaie dans ce cours de vous familiariser avec la conception avancée dans "FreeCAD" d'une manière simple et facile à comprendre.

Voici le lien pour le télécharger gratuitement :

https://www.freecadweb.org

Ce cours détaillé et orienté vers la pratique s'adresse spécialement aux utilisateurs avancés et montre en détail et étape par étape comment réussir des conceptions CAO même complexes. Réservez dès maintenant votre exemplaire du cours et approfondissez dès aujourd'hui vos compétences dans "FreeCAD" !

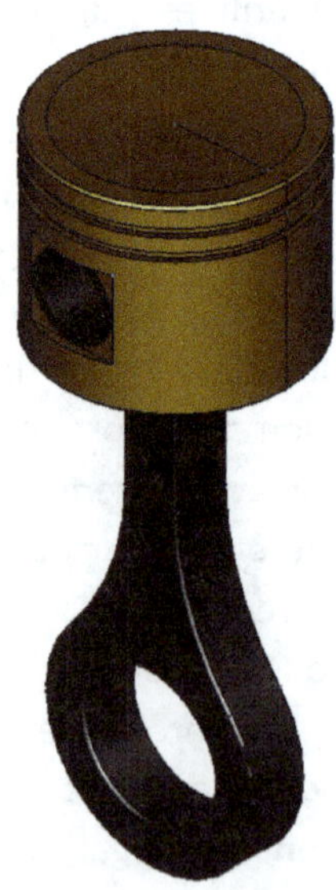

Table des matières

1 Introduction : étendue du cours et paramètres

1.1 Ce qui vous attend dans ce cours et ce que vous allez apprendre

Bonjour et bienvenue au cours "FreeCAD" pour les utilisateurs avancés !

Merci d'avoir choisi ce cours !

Dans ce cours, vous trouverez neuf superbes projets de conception d'un niveau de difficulté facile à moyen. Vous pouvez reconstruire ces projets étape par étape dans le logiciel de CAO gratuit "FreeCAD" et ainsi améliorer vos compétences en CAO. En tant qu'utilisateur avancé, vous n'avez pas besoin d'une grande introduction au programme, mais vous voulez certainement commencer tout de suite. C'est pourquoi, après un bref rappel sur la manière de télécharger le programme et quelques réglages de base importants, nous nous lançons immédiatement dans notre premier projet de construction.

Ce cours est spécialement conçu pour les concepteurs CAO avancés uniquement. Dans ce cours, nous concevrons à la fois des pièces individuelles et des assemblages. Les autres domaines de travail de "FreeCAD" feront l'objet de cours spécifiques au fil du temps. Ce cours se concentre donc sur la conception avancée 2D/3D avec "FreeCAD" !

Dans ce cours, nous aborderons des projets faciles, comme la conception d'un ressort hélicoïdal et d'un mousqueton, ainsi que des projets de difficulté moyenne, comme la conception d'un roulement à billes ou d'une télécommande. Mais ce n'est qu'un petit aperçu, il y a encore beaucoup d'autres projets intéressants qui vous attendent. Ce cours vous permettra de reconstruire chaque objet 3D étape par étape, un par un, afin de consolider les fonctions de base de "FreeCAD", mais aussi de découvrir de nouvelles fonctions.

Si vous n'avez pas encore de connaissances de base ou si vous n'avez jamais travaillé avec "FreeCAD", nous vous recommandons vivement de suivre le cours d'introduction : "FreeCAD | étape par étape". Il s'agit d'une introduction simple et facile à comprendre au programme. Si vous avez déjà suivi ce cours, vous serez parfaitement préparé pour les projets de conception à venir !

<u>En bref, vous apprendrez en détail dans ce cours :</u>

- Approfondir les fonctionnalités de base de "FreeCAD" (du cours pour débutants) avec de nouveaux projets
- Découvrir de nouvelles fonctions 2D et 3D
- Concevoir de manière pratique à l'aide d'exemples de projets
- Apprendre de nouvelles approches de la conception
- créer des pièces détachées et des assemblages

Projets de construction :

- *Ressort hélicoïdal,*
- *Mousqueton,*
- *Roue dentée,*
- *Vase de fleurs,*
- *Clé à molette,*
- *Piston, axe de piston & bielle,*
- *Roulements à billes,*
- *Arrosoir,*
- *Télécommande.*

Il est préférable de suivre l'ordre indiqué dans le cours, car les leçons se suivent un peu dans ce cours. Assurez-vous de suivre le cours pour débutants correspondant, "FreeCAD | étape par étape", car les bases ne sont pas mentionnées en détail dans ce cours pour utilisateurs avancés. Mais ne vous inquiétez pas, même dans ce cours, tous les projets sont expliqués étape par étape. Après un bref chapitre sur le téléchargement du programme et les paramètres de base du programme, nous nous lançons immédiatement dans le premier projet !

1.2 Paramètres de base du logiciel "FreeCAD"

"FreeCAD" peut être téléchargé gratuitement. Pour cela, rendez-vous sur le site officiel https://www.freecadweb.org et téléchargez la dernière version.

Avant de commencer les projets de construction, nous allons d'abord nous occuper brièvement des paramètres du programme afin d'avoir une situation de départ identique. Pour cela, cliquez sur le bouton "Edit" et sélectionnez l'option "Preferences ...".

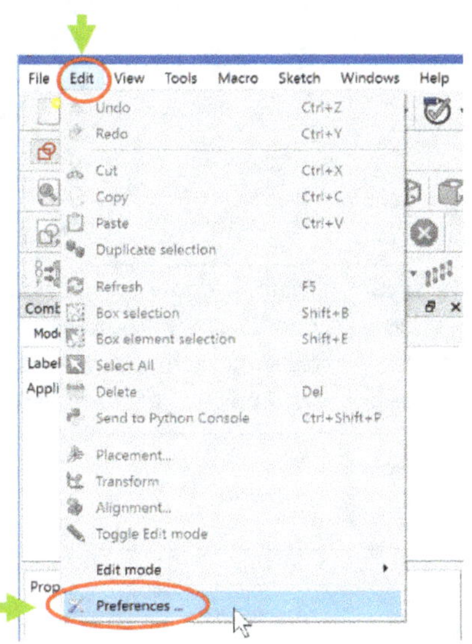

Le programme "FreeCAD" sélectionne automatiquement la langue de votre système d'exploitation lors de son premier lancement. Vous pouvez cependant modifier ce paramètre dans la section "General". Pour des raisons d'organisation, nous avons choisi l'anglais comme langue du programme pour ce cours. Cela vous sera utile pour vous familiariser avec les forums Internet ou la communauté, qui sont pour la plupart anglophones. Mais ne vous inquiétez pas, vous vous débrouillerez suffisamment bien dans n'importe quelle autre langue grâce aux images et aux explications supplémentaires.

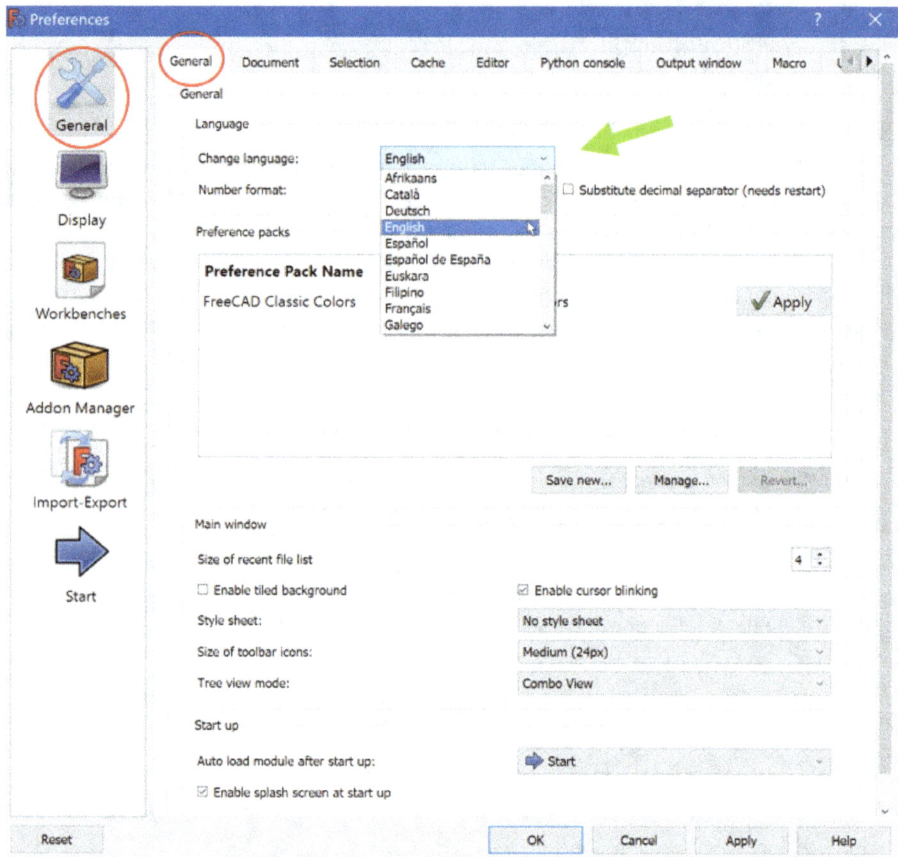

Un peu plus bas, dans la section "Main window", vous pouvez changer la couleur de l'affichage. Si cela n'est pas important pour vous, vous pouvez simplement laisser le réglage par défaut "No style sheet". Dans cette section, nous pouvons également modifier la taille des icônes des commandes de la barre d'outils. Utilisez le paramètre "Medium (24px)" s'il n'est pas déjà sélectionné.

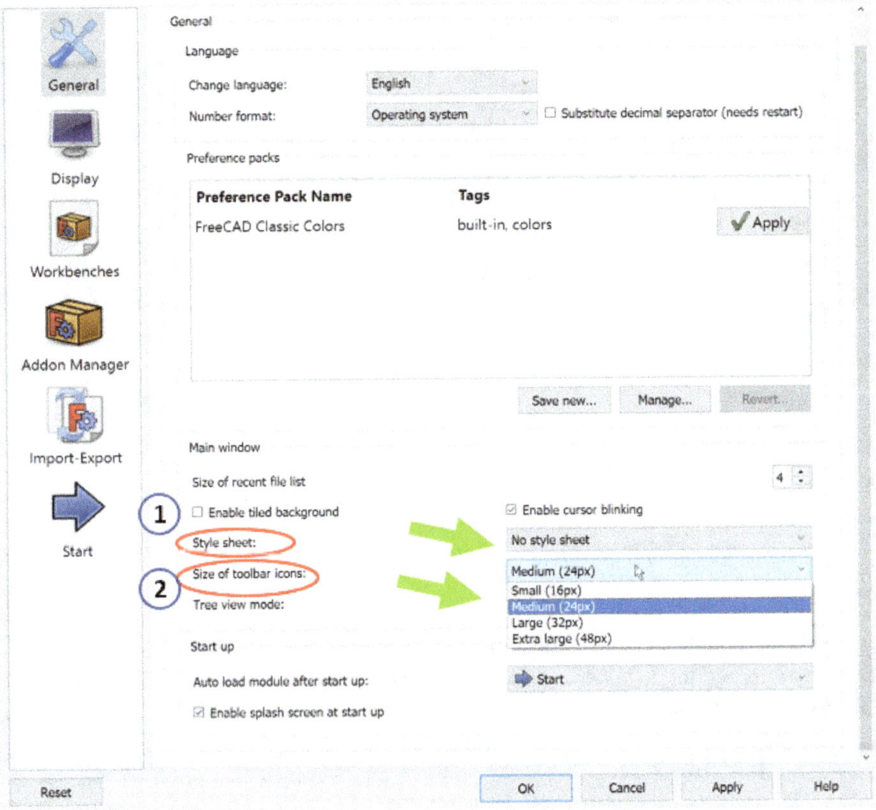

Un autre paramètre important de la section "General" se trouve dans l'onglet "Units". Ici, nous pouvons définir le système d'unités préféré. Nous utiliserons les unités par défaut "Standard (mm/kg/s/degree)".

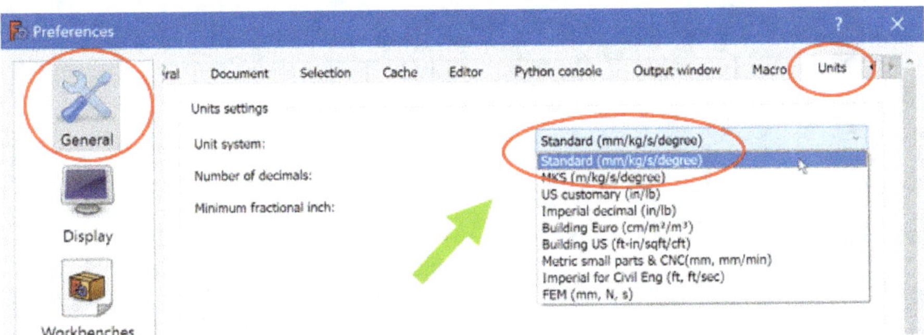

Ensuite, nous devons vérifier dans la section "Display" que le système de coordonnées est bien affiché. Pour cela, l'option "Show coordinate system in the corner" doit être cochée.

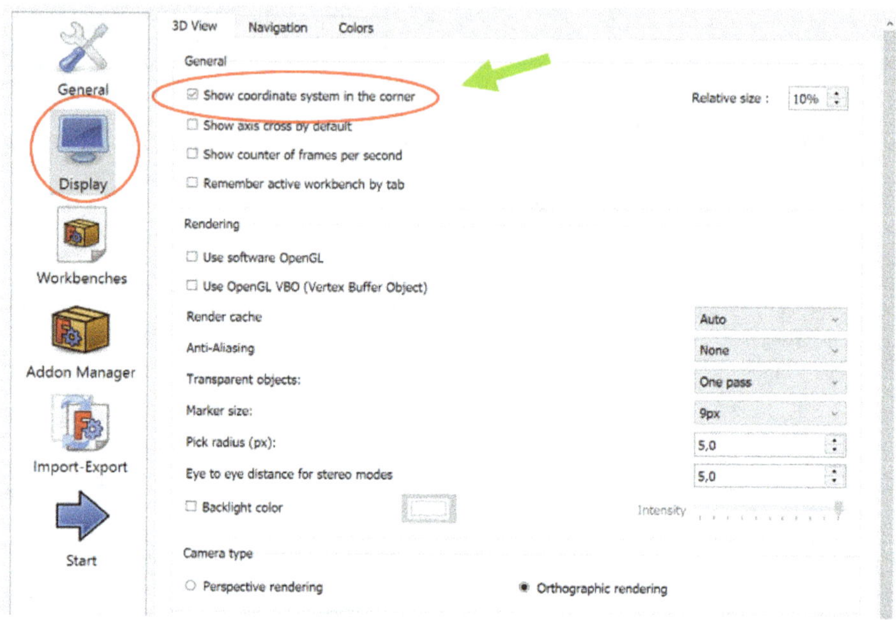

De plus, dans l'onglet "Colors", nous pouvons modifier l'arrière-plan de l'espace de travail. Il n'est pas nécessaire de le faire, c'est une question de goût. Par exemple, nous changeons l'arrière-plan en blanc.

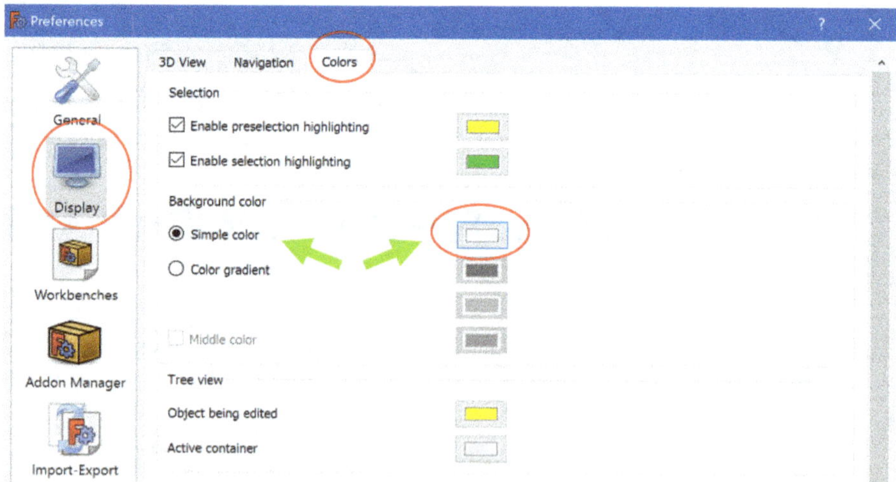

Si vous avez modifié des paramètres, cliquez sur "Apply" en bas de la fenêtre, puis sur le bouton "OK" pour appliquer les paramètres que vous avez définis et fermer la fenêtre.

Dans l'espace de travail "Sketcher", nous devons également effectuer quelques réglages de base importants. Comme vous vous en souvenez certainement, c'est dans l'espace de travail "Sketcher" que nous créons les esquisses 2D de nos objets 3D.

Pour pouvoir effectuer les réglages, nous devons d'abord nous rendre dans cet espace de travail, puis ouvrir à nouveau les préférences ("Preferences ...").

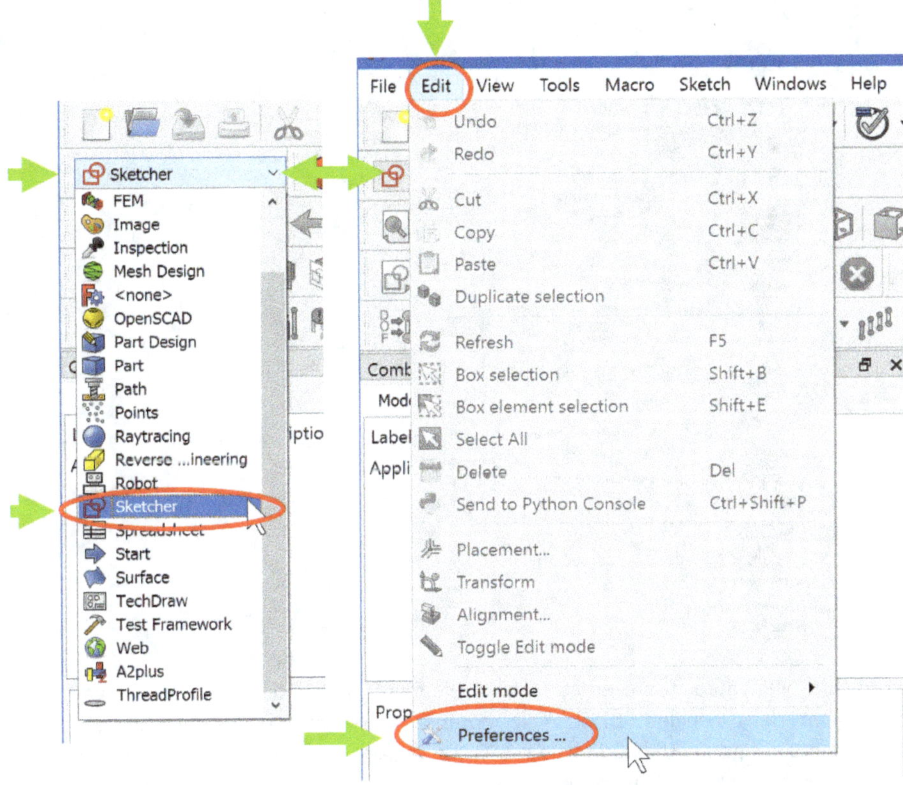

Nous allons faire quelques réglages concernant l'affichage. Pour cela, nous allons dans les options dans la section "Sketcher".

Ici, nous activons - si nous le souhaitons - la grille de caractères en cochant l'option "Show grid". L'option "Grid snap" permet de faciliter la sélection des coins de la grille par le curseur. **Nous désactivons cette option dans ce cours, car sinon vous pourriez rencontrer des problèmes lors de la sélection d'une géométrie dans les constructions plus avancées.** La taille de la grille peut également être réglée ici. Cependant, ces réglages ne sont pas obligatoires, ils ne sont qu'une aide optionnelle au dessin.

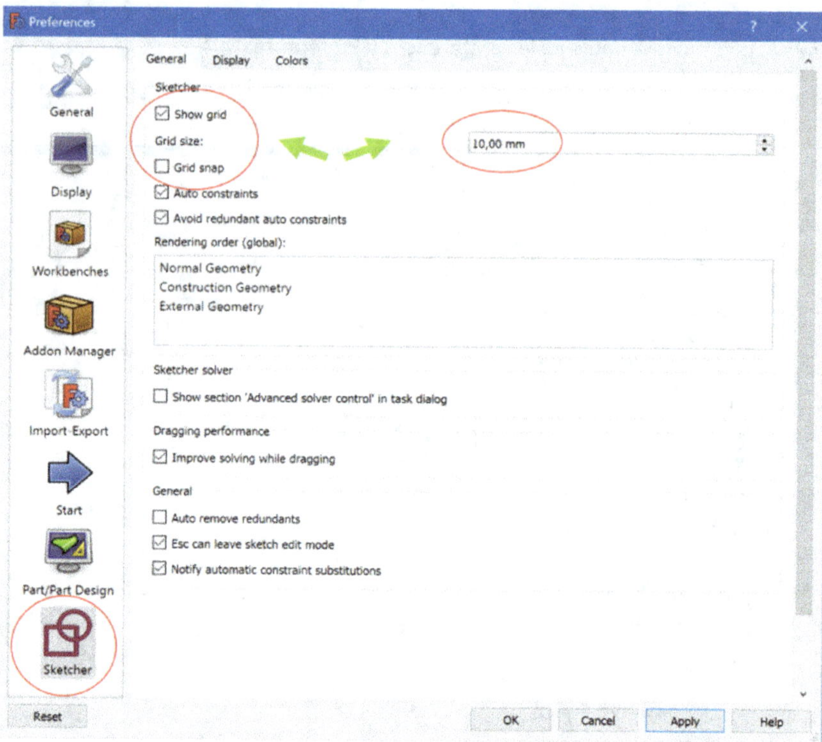

Pour une meilleure représentation des éléments géométriques, nous augmentons également dans l'onglet "Display" le nombre de segments affichés par géométrie ("Segments per geometry") à la valeur 500. Ce réglage permet par exemple d'afficher un cercle plus rond. Mais cela ne se remarque que si l'on zoome très près de la géométrie.

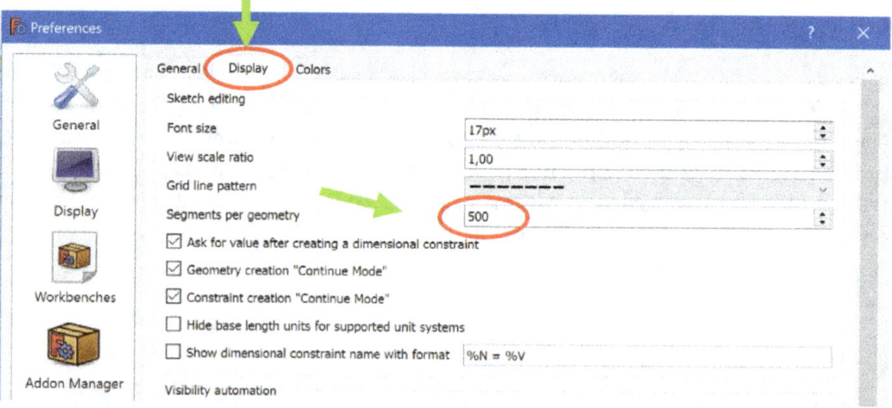

Il est également important que dans l'onglet "Colors", nous définissions les champs entourés en rouge sur la couleur noire ou une couleur sombre similaire si nous avons choisi un arrière-plan blanc ou clair. Sinon, nous ne verrions pas les éléments géométriques par la suite.

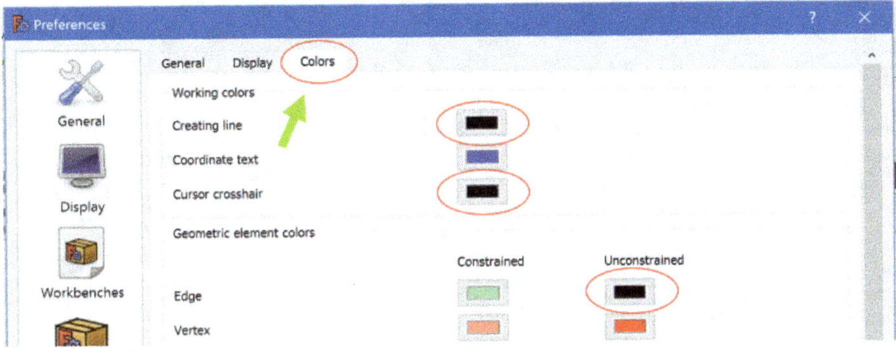

Nous pouvons également modifier la taille d'affichage du cube orbital ("navigation cube") et du système de coordonnées dans les paramètres. Par défaut, ils sont affichés en très petits caractères. Pour cela, vous devez vous rendre dans la section "Display". Pour effectuer les réglages, allez d'abord dans l'onglet "3D View", puis dans l'onglet "Navigation".

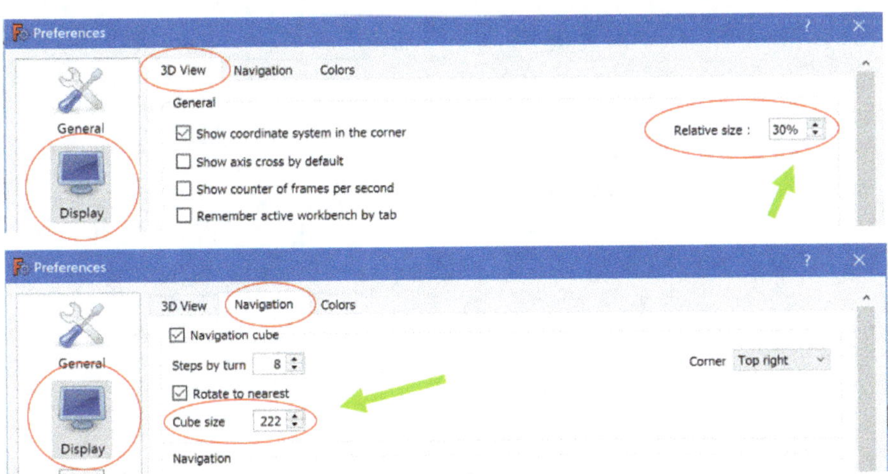

Vous pouvez déplacer la zone de dessin et, plus tard, l'objet 3D, en fonction du mode présélectionné. Vous pouvez le sélectionner en bas à droite de la zone de dessin. Il est préférable de sélectionner le mode "CAD". La navigation s'effectue alors comme indiqué. "Pan" signifie déplacer. Les modes "Rotate", "Zoom" et "Select" devraient être clairs.

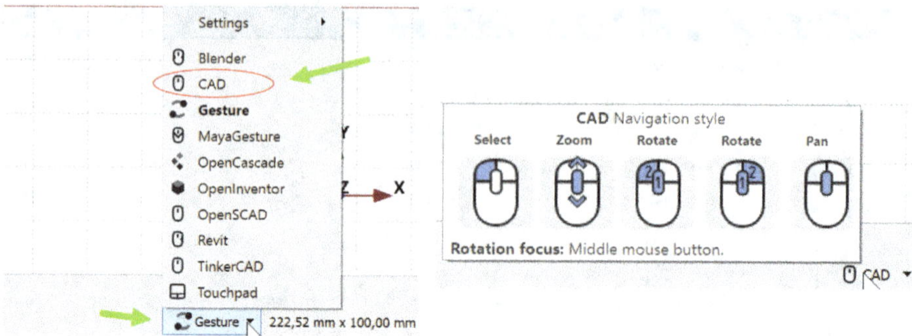

Maintenant, tous nos paramètres devraient être identiques et donc aucun problème ne devrait survenir par la suite. Nous pouvons enfin commencer à travailler sur nos projets de construction !

2 Projet n° 1 : Ressort hélicoïdal

Pour nous échauffer, nous allons commencer par créer un ressort hélicoïdal. Celui-ci devrait ressembler à ce qui suit.

Au début de chaque projet, nous nous trouvons dans l'espace de travail "Part Design". Nous y créons un nouveau document avec la commande "New", ainsi qu'un corps avec la commande "Create body".

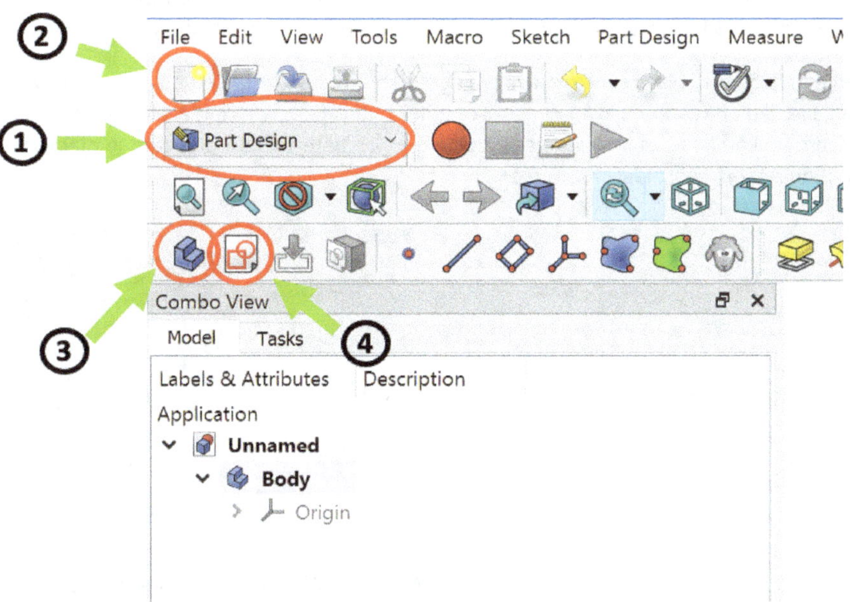

Nous devons ensuite créer une esquisse 2D. Pour le ressort hélicoïdal, nous créons une esquisse sur le plan x-z à l'aide de la commande "Create Sketch".

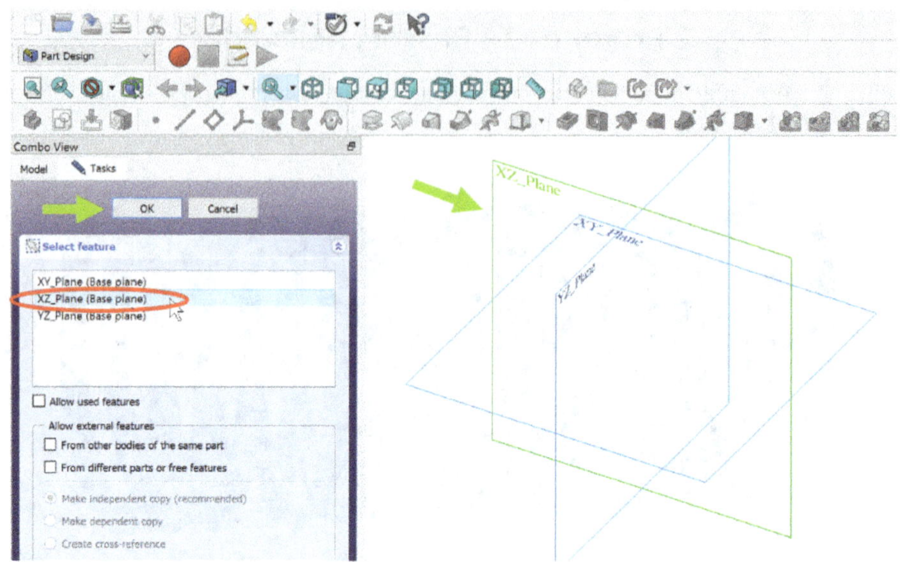

Nous allons créer le ressort hélicoïdal à l'aide de la commande "Additive helix". Cette commande extrude une esquisse 2D le long d'une hélice. Nous devons donc réfléchir à la géométrie que nous devons dessiner dans l'esquisse 2D afin de pouvoir l'extruder le long d'une hélice et obtenir ainsi le ressort hélicoïdal. Avec un peu d'imagination, nous pouvons voir qu'un ressort hélicoïdal est constitué d'un morceau de fil enroulé en spirale. Cela signifie que nous avons besoin d'un cercle comme géométrie de départ pour le morceau de fil.

Ce cercle doit être placé sur l'axe x et avoir un diamètre de 2 mm. Cette mesure déterminera plus tard l'épaisseur du matériau du ressort hélicoïdal. Le cercle doit également être situé à 10 mm de l'origine des coordonnées. Cette mesure déterminera plus tard le diamètre (20 mm) du ressort hélicoïdal.

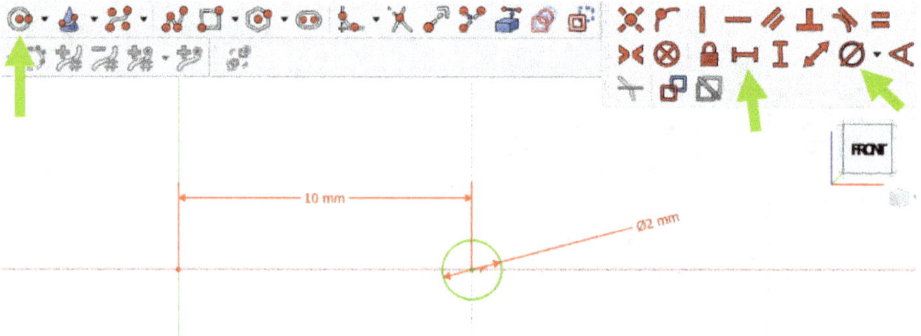

Nous pouvons ensuite fermer l'esquisse. Après avoir vérifié que l'esquisse est bien sélectionnée dans l'arbre de structure, nous cliquons sur la commande "Additive helix".

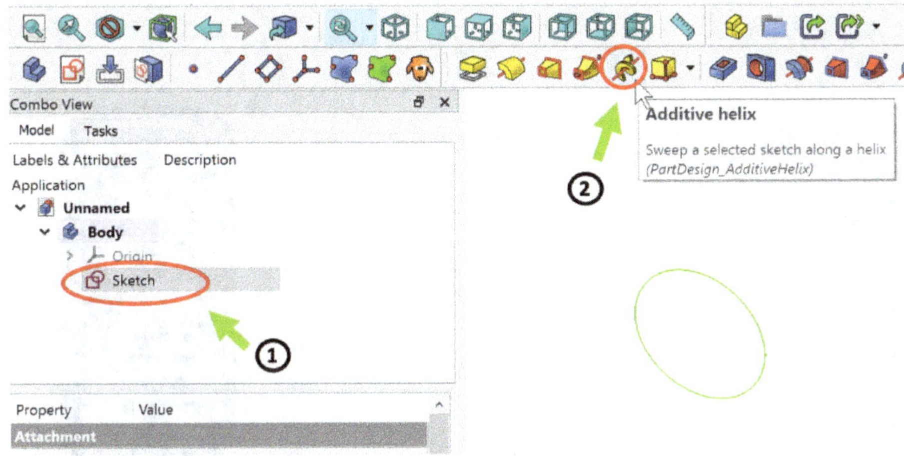

Le programme extrude alors l'esquisse le long d'une hélice et crée ainsi le ressort hélicoïdal. L'axe sélectionné dans les préférences est "Vertical sketch axis". Il est également possible de sélectionner l'option "Base z axis", puisque l'axe z est l'axe vertical dans ce cas. Si nous sélectionnons l'un des autres axes, l'orientation du ressort hélicoïdal sera modifiée.

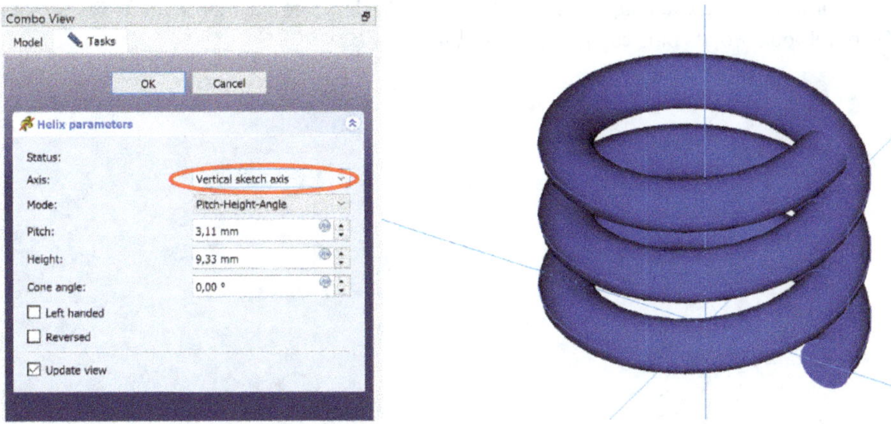

Trois paramètres nous permettent de modifier le ressort hélicoïdal de la manière souhaitée. Par défaut, l'option "Pitch-Height-Angle" est sélectionnée. Dans ce cas, nous avons besoin de la hauteur souhaitée, du pas souhaité et, si nécessaire, d'un angle si nous voulons obtenir un ressort hélicoïdal conique. Nous indiquons par exemple 3,11 mm pour le paramètre "Pitch", 50 mm pour le paramètre "Height" et 0° pour le paramètre "Cone angle",. En cliquant sur "OK", nous créons le modèle 3D.

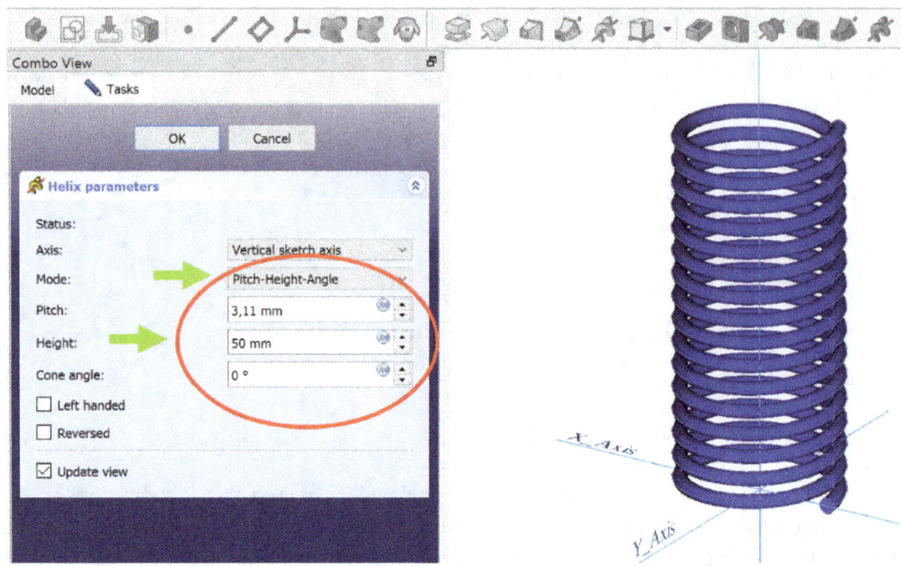

Ce projet était relativement simple et, comme nous l'avons déjà mentionné, destiné à l'échauffement. Ne vous inquiétez pas, le niveau de difficulté augmente au fil des projets. De nombreux projets plus complexes vous attendent !

3 Projet n° 2 : Mousqueton

Ensuite, nous voulons construire un mousqueton qui ressemble à ceci.

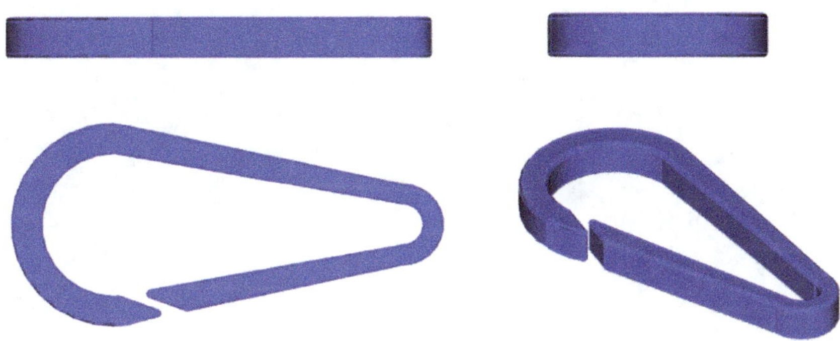

Pour le mousqueton, nous créons comme d'habitude un nouveau document dans l'espace de travail "Part Design". Nous commençons par réfléchir à la meilleure façon de construire le modèle 3D du mousqueton. En observant le mousqueton de plus près, nous remarquons qu'il est possible de placer une forme circulaire dans les zones gauche et droite et que les entretoises du mousqueton représentent des liaisons tangentielles entre ces deux cercles.

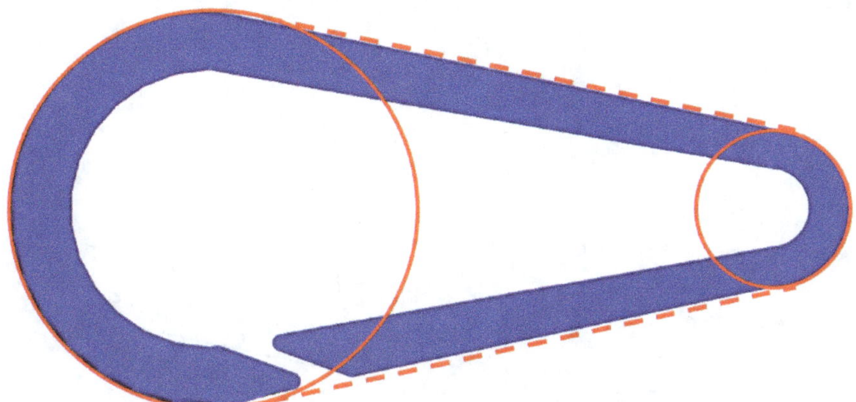

Nous allons utiliser ces géométries pour concevoir le mousqueton. Pour ce faire, nous avons d'abord besoin d'une esquisse 2D, que nous créons sur le plan x-y. Nous pouvons également créer une esquisse 2D à l'aide d'un logiciel de dessin.

Sur ce plan, nous dessinons d'abord les deux cercles. Les centres de chacun des deux cercles doivent se trouver sur la ligne rouge horizontale (axe x). Nous choisissons par exemple un diamètre de 50 mm pour le premier cercle. Créez ensuite un autre cercle d'un diamètre de 20 mm. Le premier cercle doit se trouver sur le côté gauche de la ligne verticale verte (axe y), le deuxième cercle sur le côté droit de cette ligne. Nous mesurons la distance entre les deux cercles à 70 mm. Pour définir complètement l'esquisse précédente, nous avons maintenant besoin d'une référence à l'origine le long de l'axe des x. La position de notre esquisse dans la direction x est définie, par exemple, par une cote de 35 mm entre le centre d'un cercle et l'origine.

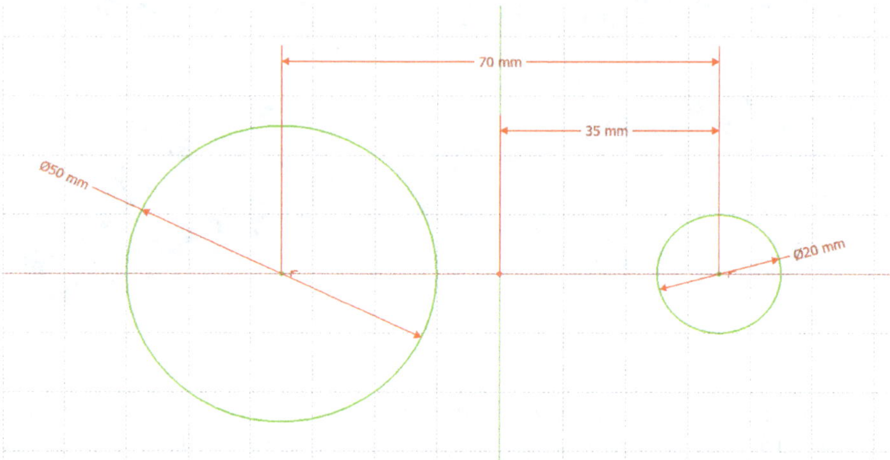

Nous traçons ensuite deux lignes dont les points d'extrémité doivent se trouver sur chacun des deux cercles. Nous avons besoin d'une ligne au-dessus de l'axe des x et d'une ligne en dessous.

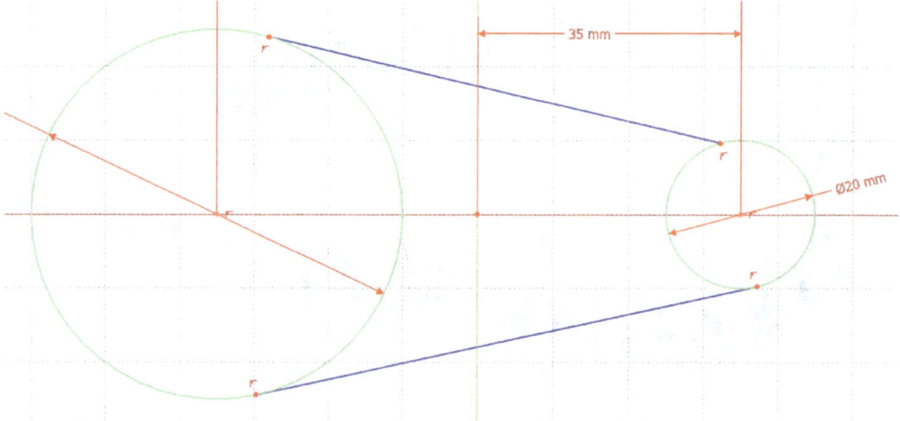

Dans l'étape suivante, nous créons des contraintes verticales entre les points d'extrémité de la ligne et les centres des cercles, de sorte que les points d'extrémité de la ligne se trouvent verticalement au-dessus des centres des cercles. Pour cela, nous sélectionnons d'abord deux points à la fois, puis nous utilisons la commande "Constrain vertically".

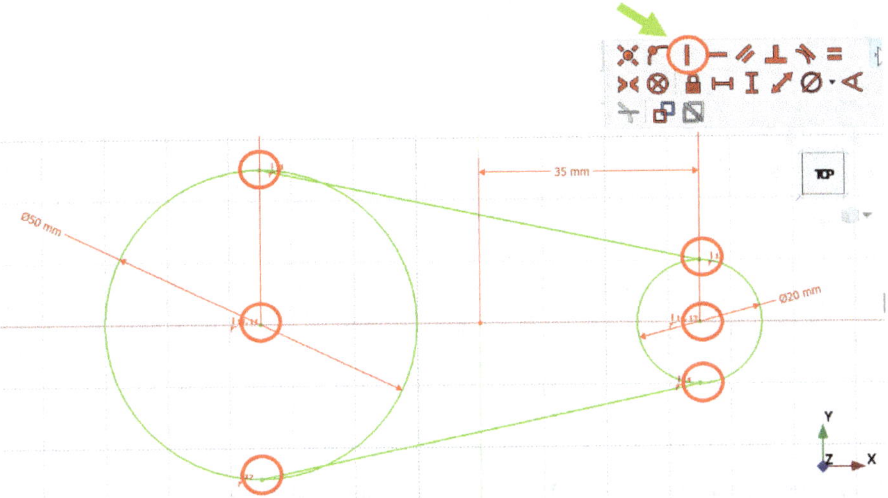

Pour la suite de la construction, nous n'avons besoin que du contour extérieur, c'est pourquoi nous allons utiliser la commande "Trim Edge". Cette commande nous permet de supprimer facilement toutes les sections de ligne superflues (indiquées par des flèches). L'esquisse reste entièrement définie, car le programme lie automatiquement les sommets créés.

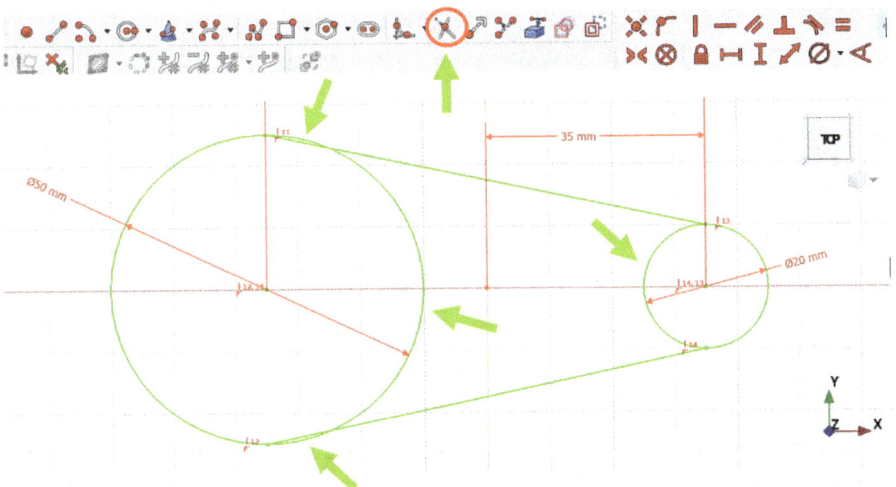

Après avoir appliqué la commande, nous obtenons le contour extérieur du mousqueton.

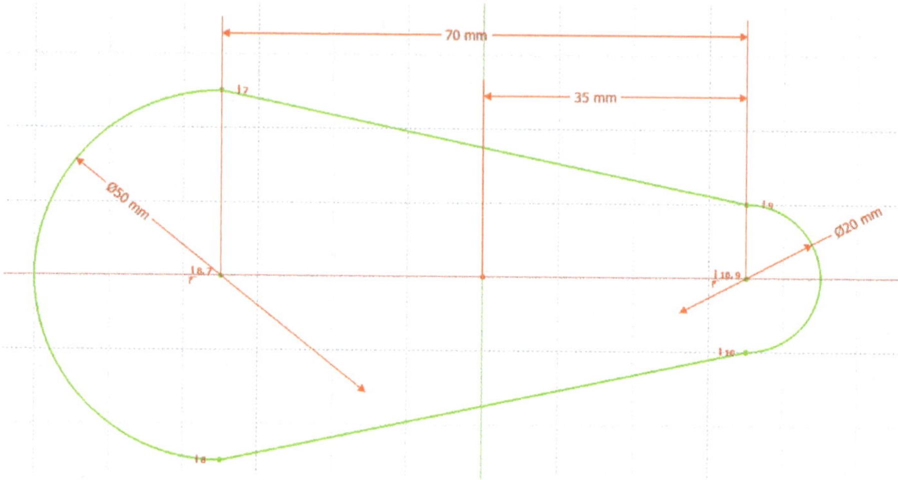

Si nous extrudions cette face dès maintenant, nous devrions effectuer une découpe supplémentaire dans la zone centrale pour obtenir le corps de base final du mousqueton. Nous pouvons cependant nous passer de cette étape en dessinant la section transversale du mousqueton en une seule fois. Pour cela, ajoutez deux cercles supplémentaires dans la zone intérieure du mousqueton et cotez-les à 35 mm et 10 mm.

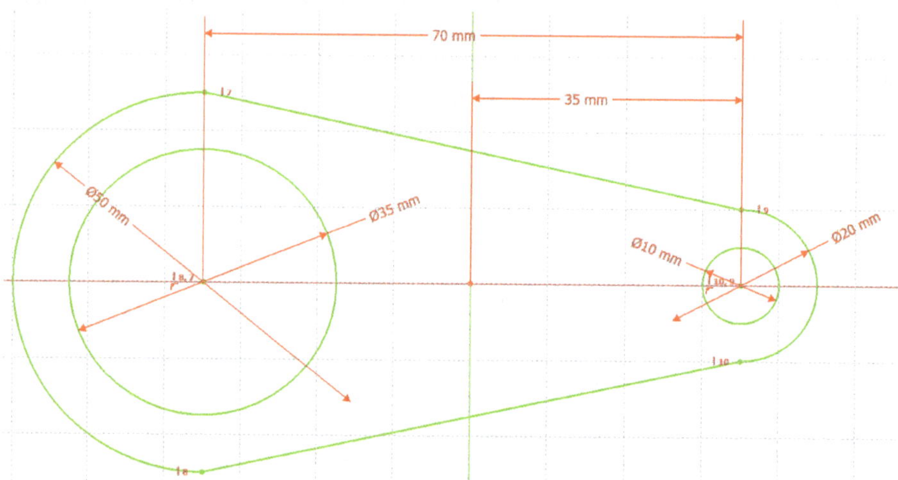

De la même manière que précédemment, nous créons deux lignes dont les extrémités se trouvent sur les deux cercles. Nous créons également quatre contraintes avec la commande "Constrain vertical" pour que les extrémités des lignes coïncident verticalement avec les centres des deux cercles.

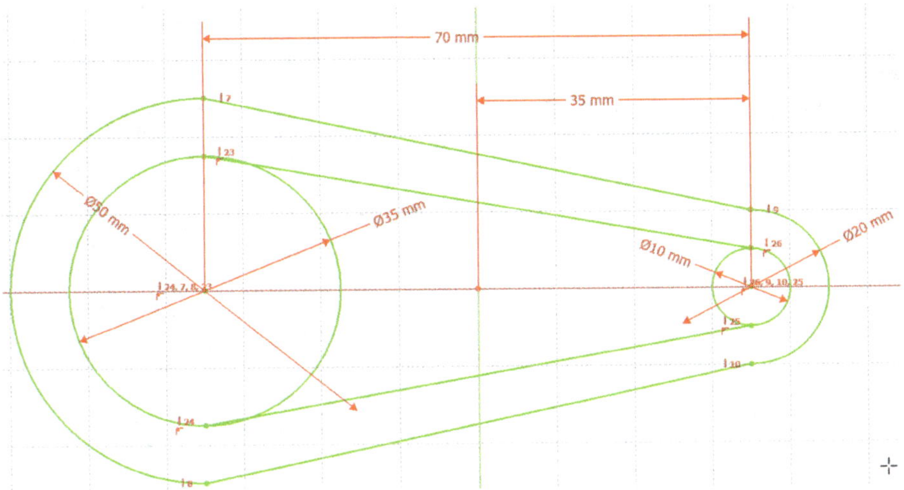

Enfin, nous supprimons toutes les géométries superflues à l'aide de la commande "Trim edge".

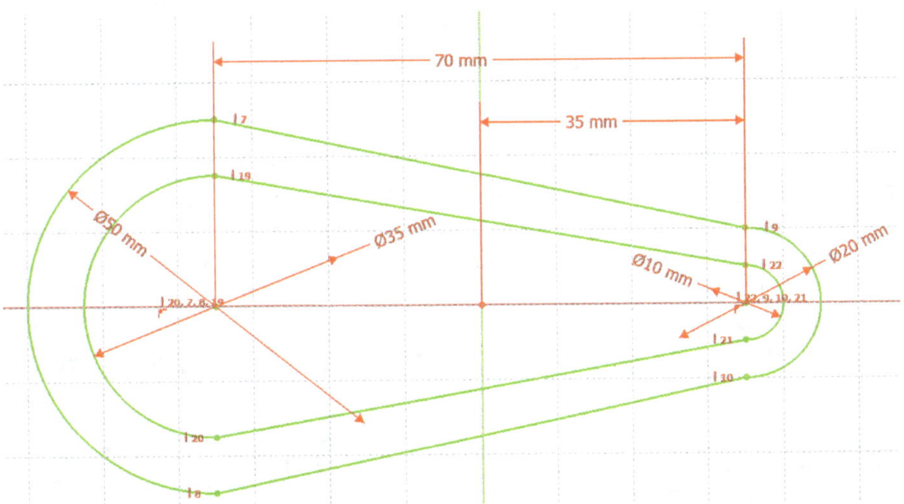

Comme vous pouvez le voir maintenant, nous obtenons ainsi la géométrie de la section transversale du mousqueton presque terminée. Il manque encore une ouverture. Pour cette ouverture, nous dessinons deux lignes parallèles dans la partie inférieure gauche du mousqueton. Les points d'extrémité des lignes doivent être situés sur le contour du mousqueton. Nous créons le parallélisme des lignes avec la condition "Constrain parallel".

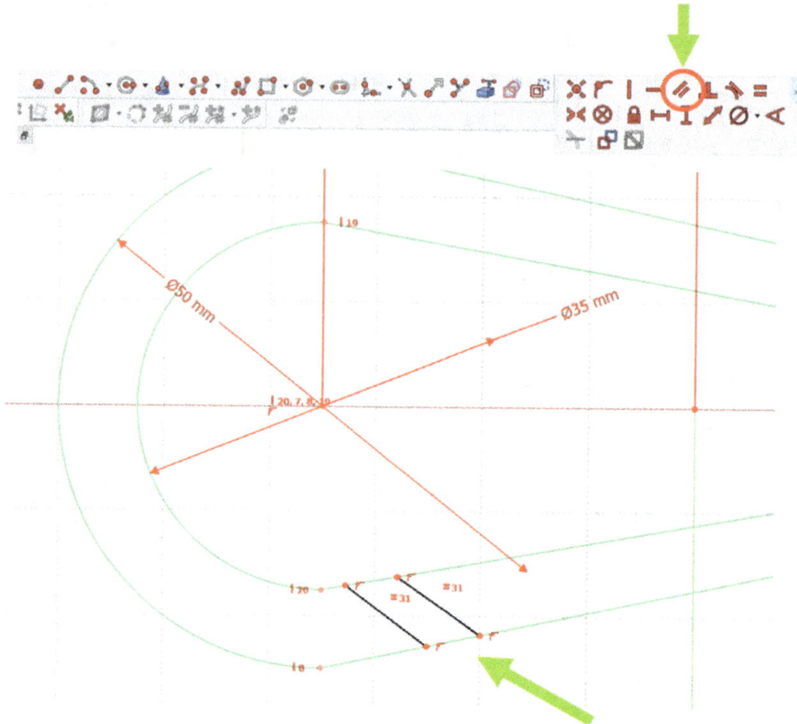

Pour la suite de la définition de l'esquisse, nous ajoutons une cote angulaire que nous plaçons entre la ligne du bas et l'axe x avec la commande "Constrain angle". Pour ce faire, nous cliquons d'abord sur la ligne, puis sur l'axe x et enfin sur la commande. Nous avons besoin d'un angle de 20 degrés.

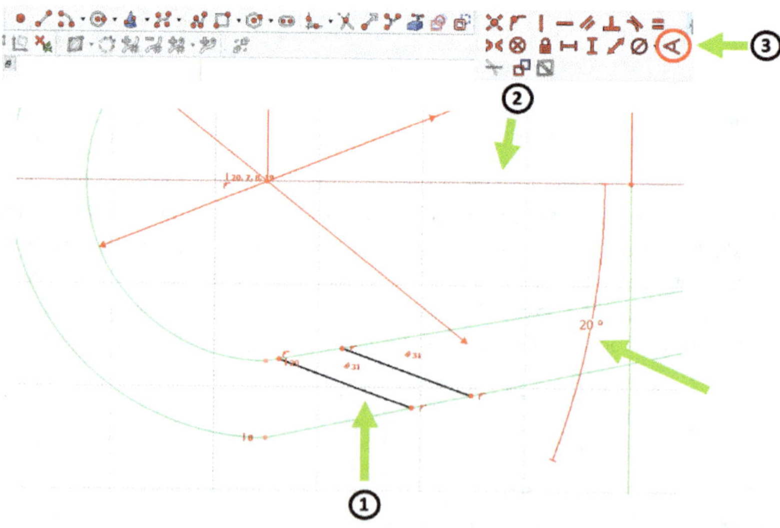

Pour définir finalement l'esquisse de manière complète, nous ajoutons deux mesures horizontales de 4 mm (entre les deux lignes parallèles) et de 1 mm (entre le point final et le centre du cercle).

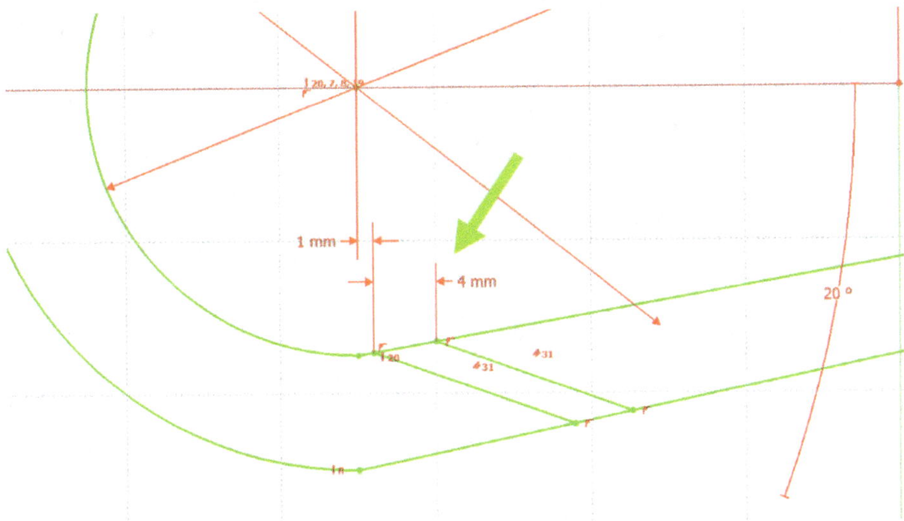

Comme nous voulons construire une ouverture, nous devons également supprimer deux sections de ligne superflues. Pour ce faire, nous utilisons à nouveau la commande "Trim edge".

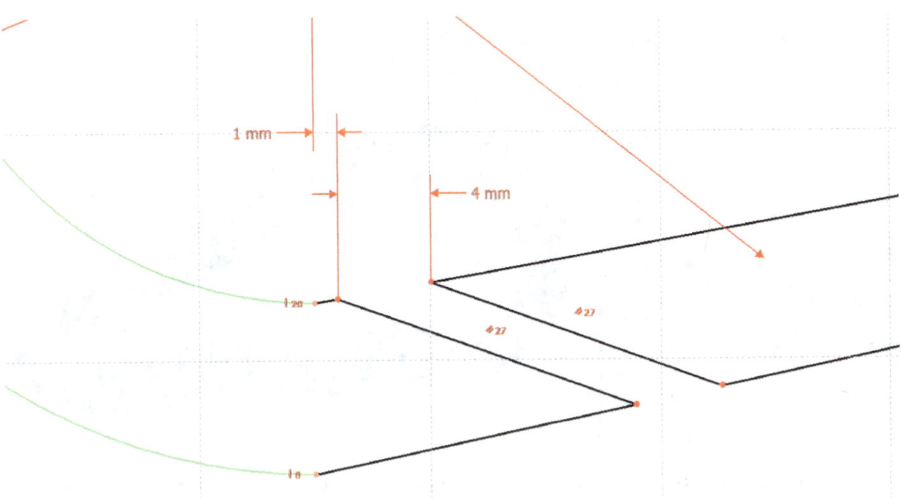

Comme l'esquisse n'est malheureusement plus complètement définie (certaines lignes sont devenues noires), nous devons ajouter quelques cotes pour que l'esquisse redevienne complètement verte. Pour ce faire, nous utilisons la commande "Constrain Distance" et nous cliquons sur les lignes concernées (voir les flèches). Nous laissons les cotes aux valeurs affichées.

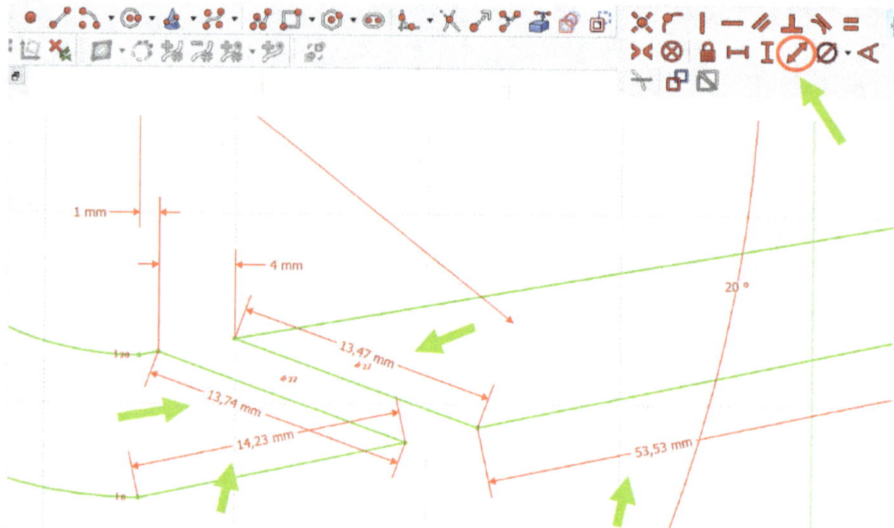

Pour transformer la surface 2D en un corps 3D, nous passons avec le bouton "Close" de l'espace de travail "Sketcher" à l'espace de travail "Part Design" et utilisons la fonction "Pad". Nous inscrivons une valeur de 10 mm.

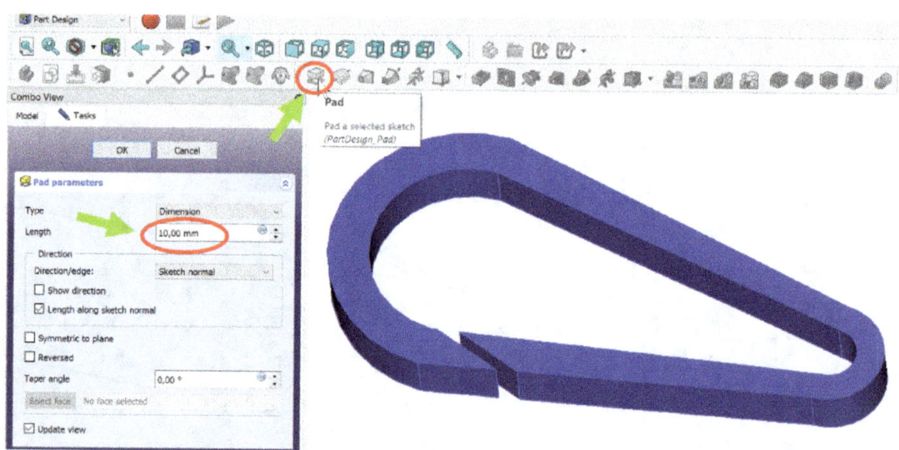

Vous pouvez extruder soit dans une seule direction, soit symétriquement, soit indépendamment dans deux directions. Pour cela, choisissez le paramètre "Type" dans la vue combinée. Si vous souhaitez une forme conique, vous pouvez spécifier un angle dans le paramètre "Taper Angle". Mais nous n'en avons pas besoin ici. Cliquez sur "OK" pour créer le corps 3D.

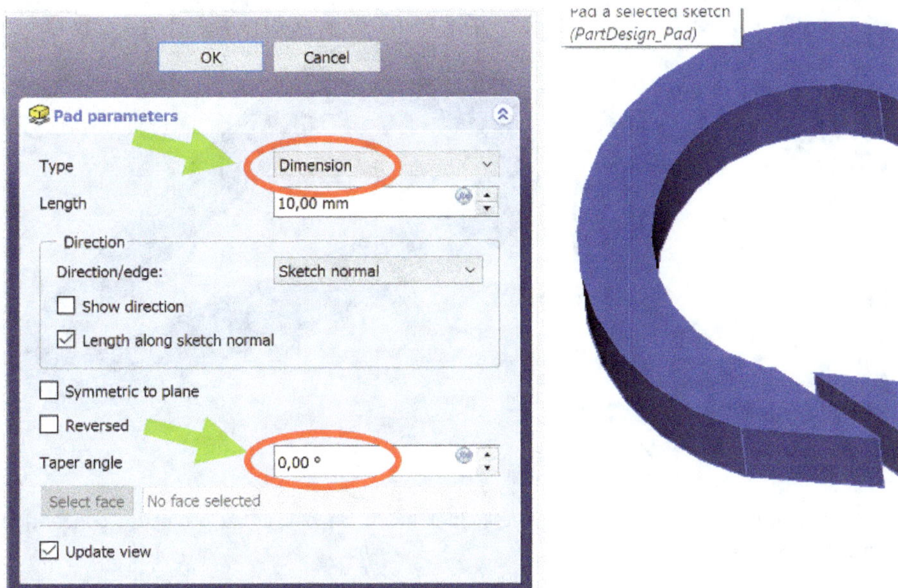

Enfin, nous arrondissons quelques arêtes à l'aide de la commande "Fillet". Par exemple, nous utilisons un rayon de 20 mm pour le bord supérieur arrière.

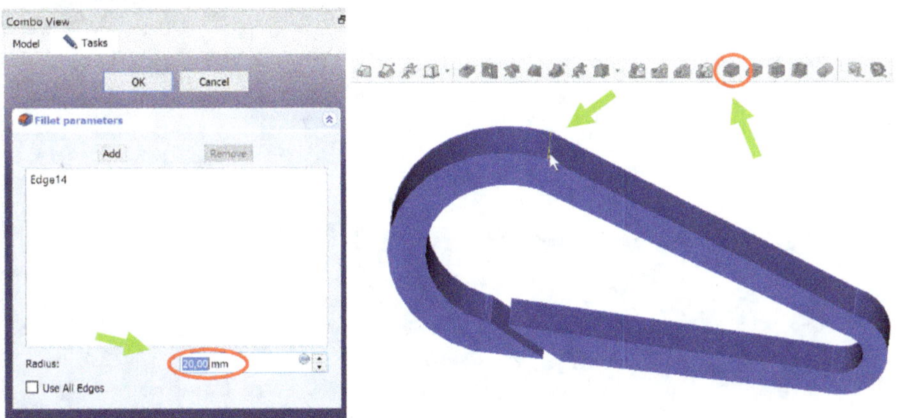

Nous arrondissons également les autres arêtes de 1 mm chacune. Pour cela, il suffit de sélectionner la face supérieure du mousqueton, de cliquer sur la commande "Fillet" et d'activer l'option "Use all Edges" dans les paramètres pour arrondir toutes les arêtes.

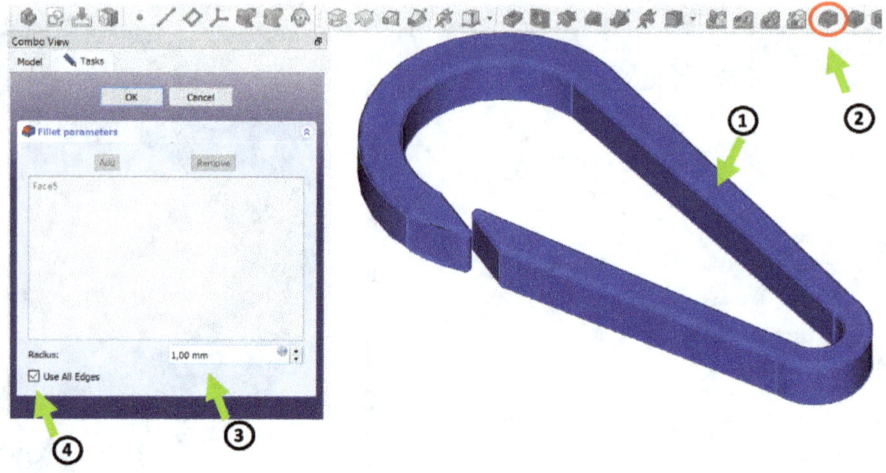

En parfait état ! Veuillez enregistrer le fichier avant de passer au projet de conception suivant, un engrenage.

4 Projet n° 3 : Roue dentée

Le prochain projet consiste à concevoir une roue dentée, qui pourrait par exemple faire partie d'une machine plus complexe.

Nous créons d'abord le corps de base de l'engrenage, y compris la découpe centrale qui sert à recevoir un arbre. Nous créerons les découpes pour les dents de l'engrenage plus tard, car, comme nous le verrons, c'est la manière la plus efficace de travailler. Pour le corps de base, nous faisons une esquisse sur le plan x-y dans un nouveau document "Part Design". Nous avons d'abord besoin d'un cercle de 50 mm de diamètre, dont le centre doit se trouver sur l'origine des coordonnées.

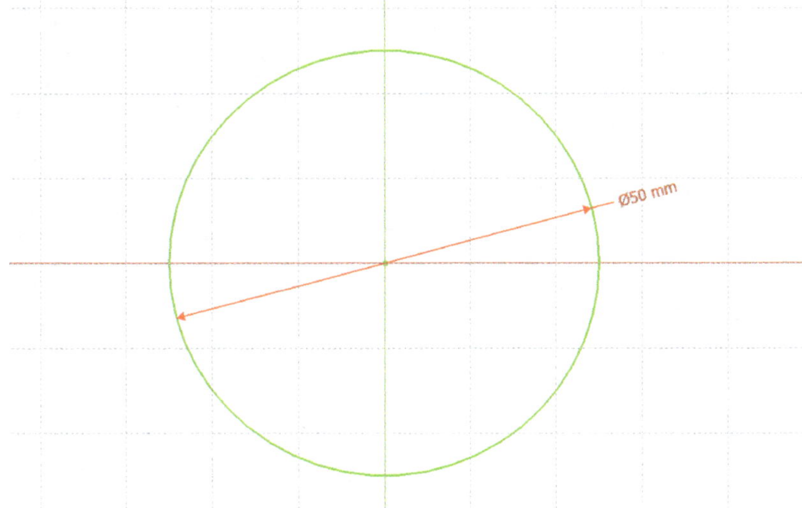

Ce cercle constitue le contour extérieur de la roue dentée.

Pour la deuxième partie de l'engrenage (trou ou découpe), qui permettra plus tard d'entraîner l'engrenage à l'aide d'un arbre et d'un nez d'entraînement, nous avons d'abord besoin d'un cercle de 10 mm de diamètre, dont le centre doit également se trouver à l'origine des coordonnées.

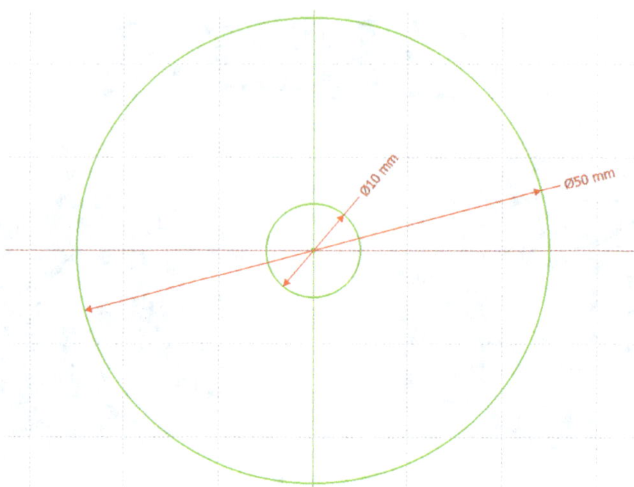

Nous créons ensuite la section rectangulaire pour le nez d'entraînement de l'arbre à l'aide d'une ligne verticale de 3 mm dont le point de départ doit se trouver sur le cercle, suivie d'une ligne horizontale de 4 mm et d'une autre ligne verticale qui complètent le profil rectangulaire. Nous ajoutons également une cote de 2 mm de l'une des deux lignes latérales à l'origine.

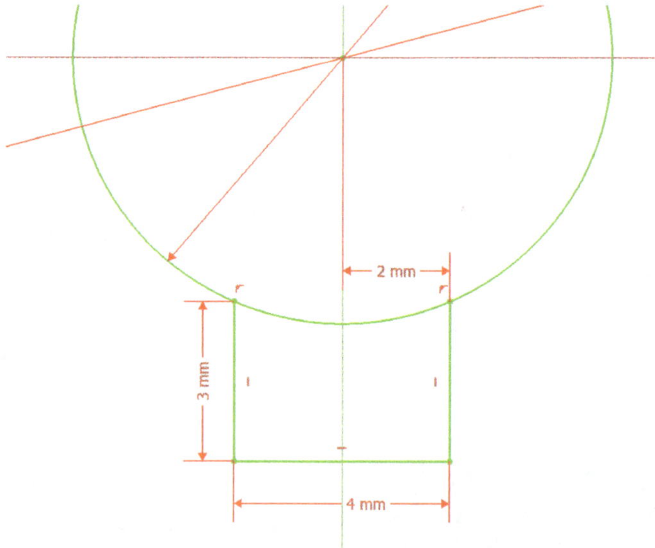

Ensuite, nous supprimons le segment de cercle superflu avec la commande "Trim edge", de manière à obtenir une surface continue.

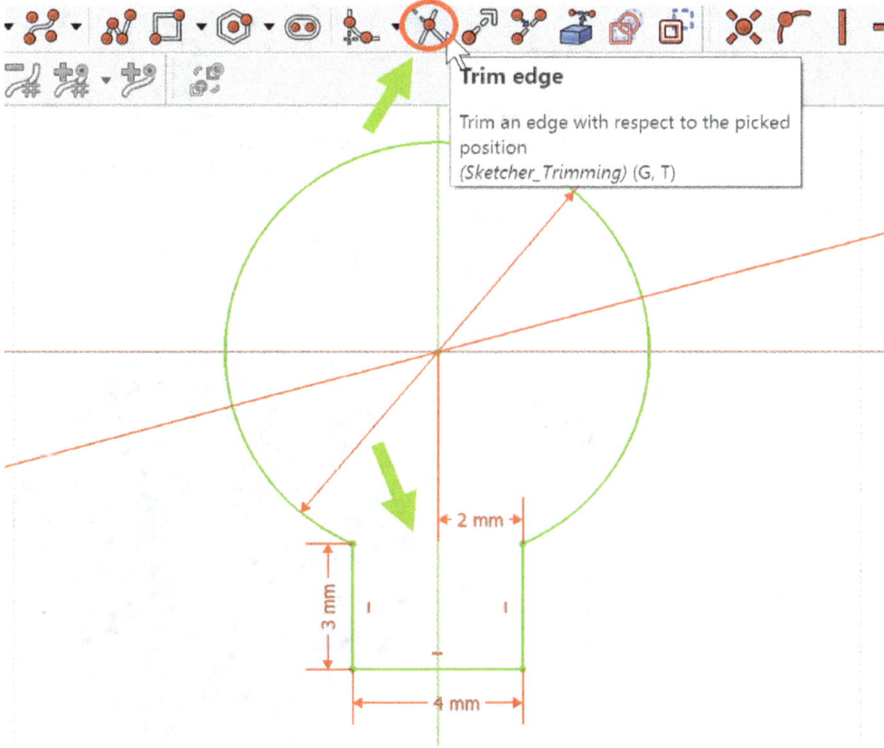

Le corps de base complet de l'engrenage est maintenant terminé et peut être extrudé à l'aide de la fonction "Pad". Avant cela, il faut bien sûr fermer l'esquisse avec le bouton "Close".

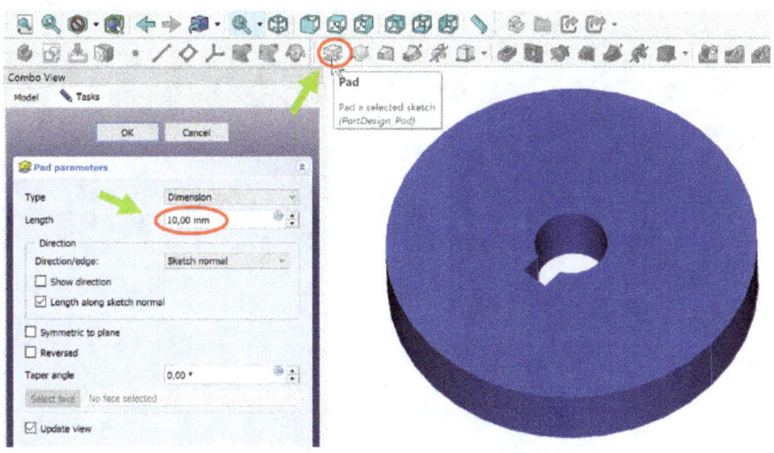

Nous allons maintenant découper les dents de l'engrenage dans ce corps de base. Pour cela, nous allons esquisser la première dent dans une nouvelle esquisse sur la face supérieure du corps 3D que nous venons de créer. Cette dent sera ensuite facilement reproduite à l'aide de la commande "Polar Pattern", ce qui nous évitera de devoir dessiner toutes les dents séparément.

Après avoir créé une esquisse, nous masquons le corps de base de l'engrenage afin d'avoir une meilleure vue lors du dessin. Pour ce faire, allez dans l'onglet "Model" de la vue combinée, sélectionnez le corps ("Body") et appuyez sur la barre d'espace. Le corps est maintenant masqué.

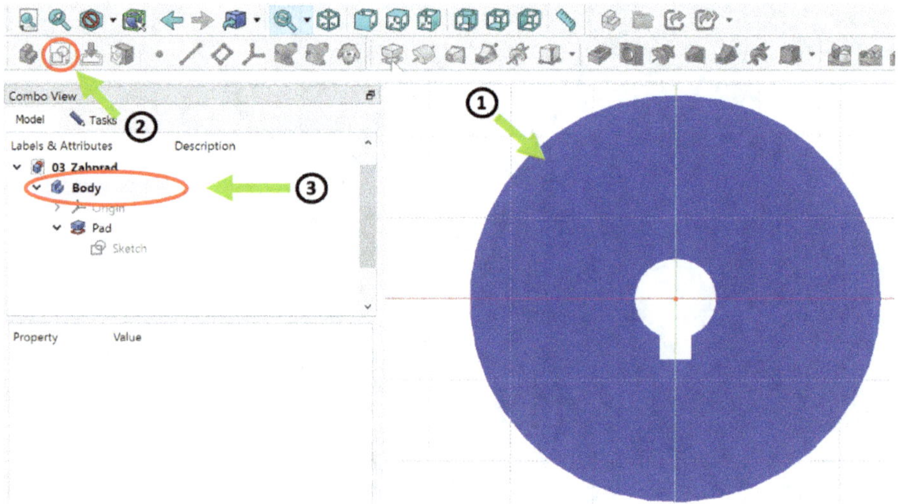

Pour le contour de la roue dentée, nous dessinons à nouveau un cercle de 50 mm de diamètre dans ce schéma.

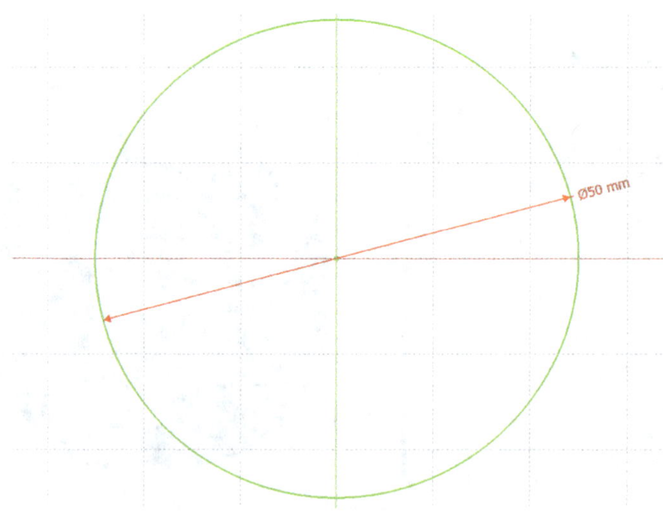

Nous ne dessinons ensuite qu'une moitié de la dent, que nous reflétons ensuite simplement sur l'axe des y. Pour cela, nous avons besoin d'une ligne horizontale de 1 mm qui se trouve sur l'axe y (ligne verticale verte).

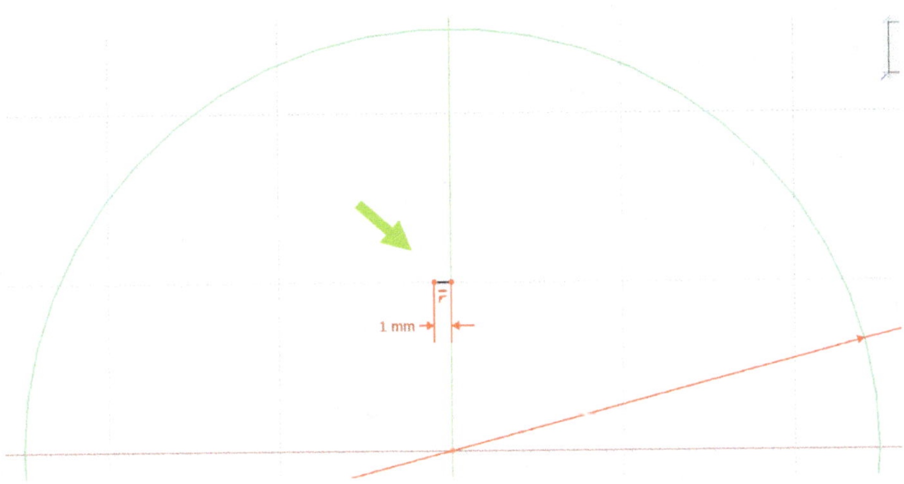

Ensuite, une deuxième ligne que nous tendons vers le haut à gauche.

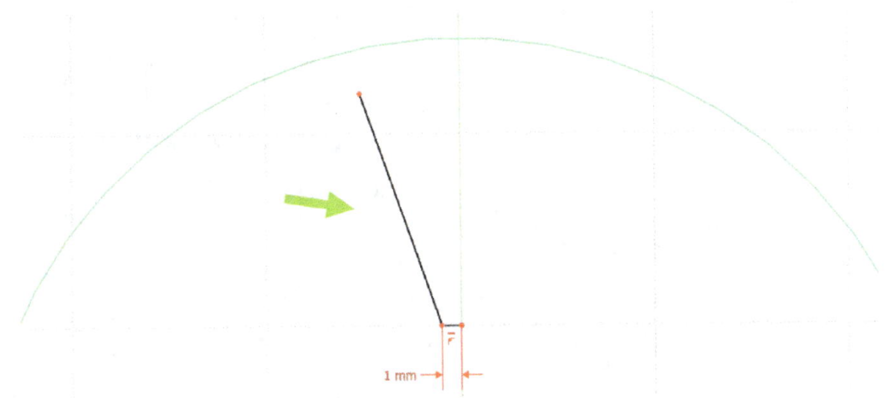

Dans la zone supérieure, nous ajoutons un arc à 3 points ("End points and rim point"), dont les points de départ et d'arrivée doivent se trouver d'une part sur le cercle, d'autre part sur le point final de la ligne créée précédemment. Il est préférable de commencer l'arc sur le cercle.

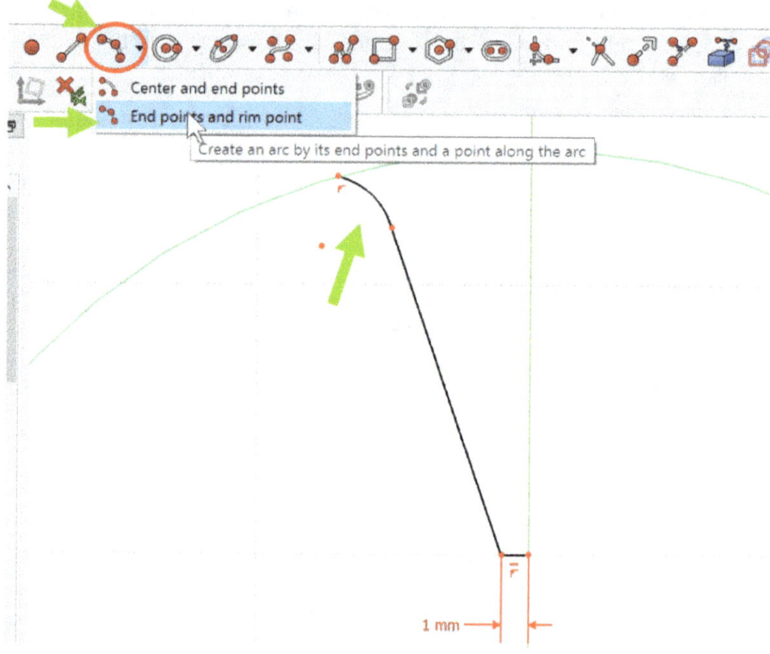

Veillez à créer les contraintes correctes. Nous avons besoin d'une contrainte tangentielle entre l'arc à 3 points et le cercle et entre l'arc à 3 points et la ligne. Ajoutez ces contraintes à l'aide de la commande "Constrain tangent" si elles manquent ou si d'autres sont présentes à la place. Vous pouvez le voir grâce aux petites icônes rouges. Si un message vous indique que vous remplacez des contraintes, vous pouvez simplement l'ignorer et cliquer dessus.

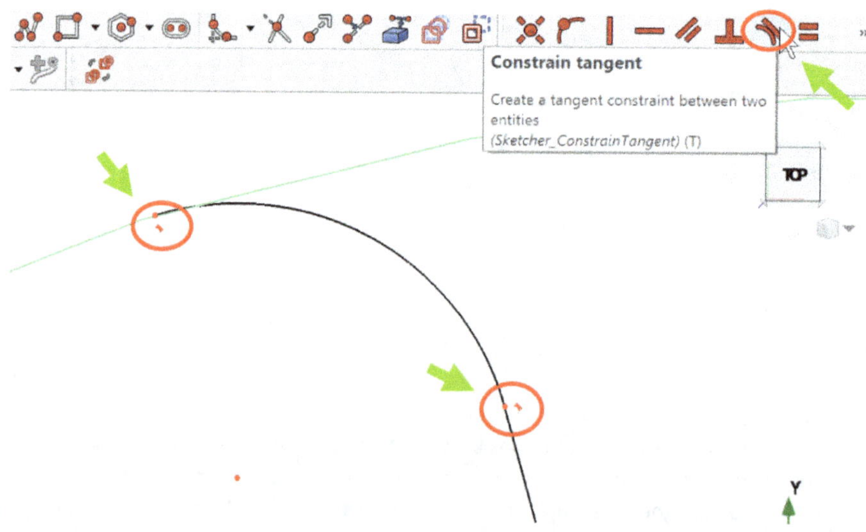

Nous avons ensuite mesuré la distance entre le point d'angle de l'arc de tangente et le point de départ de la première ligne à 3 mm (direction verticale ; "Constrain vertically").

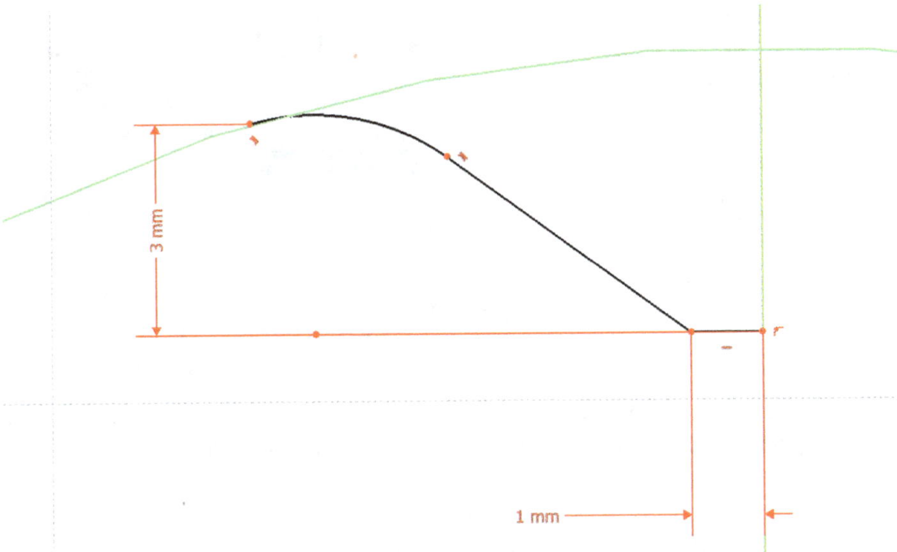

Nous avons ensuite mesuré la distance entre le point de départ de la première ligne tracée et le point d'angle de l'arc à 3 points à 2 mm (direction horizontale ; "Constrain horizontally").

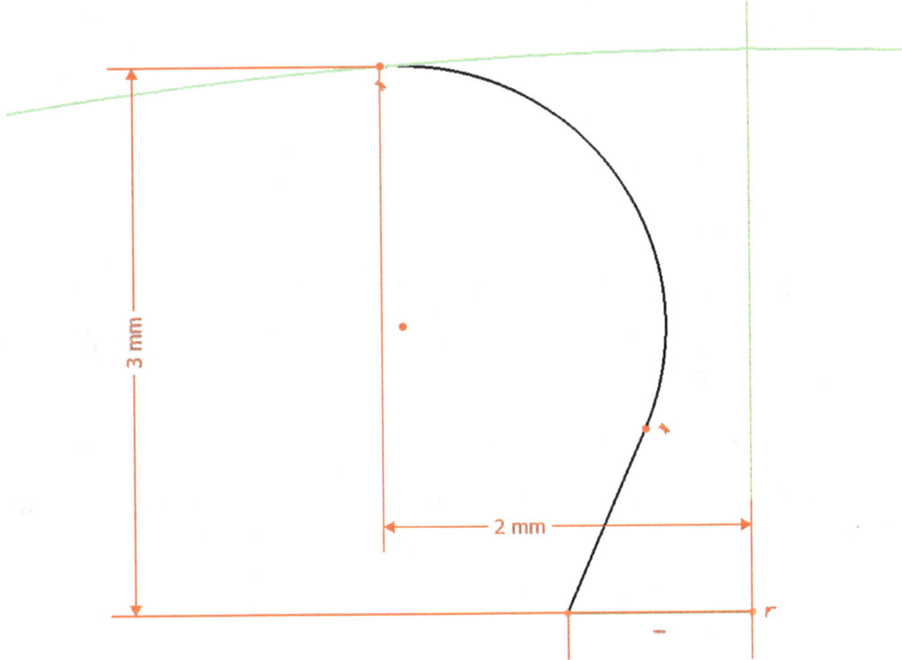

Enfin, nous définissons le rayon de l'arc à 3 points avec 0,5 mm en utilisant la commande "Constrain radius".

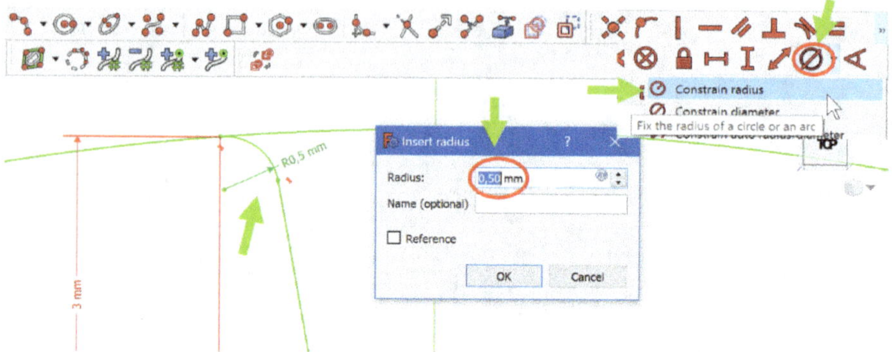

Le profil peut maintenant être mis en miroir. Avant de le faire, nous devons arrondir le coin inférieur gauche du profil en utilisant la fonction "Sketch fillet" et en inscrivant un rayon de 0,5 mm.

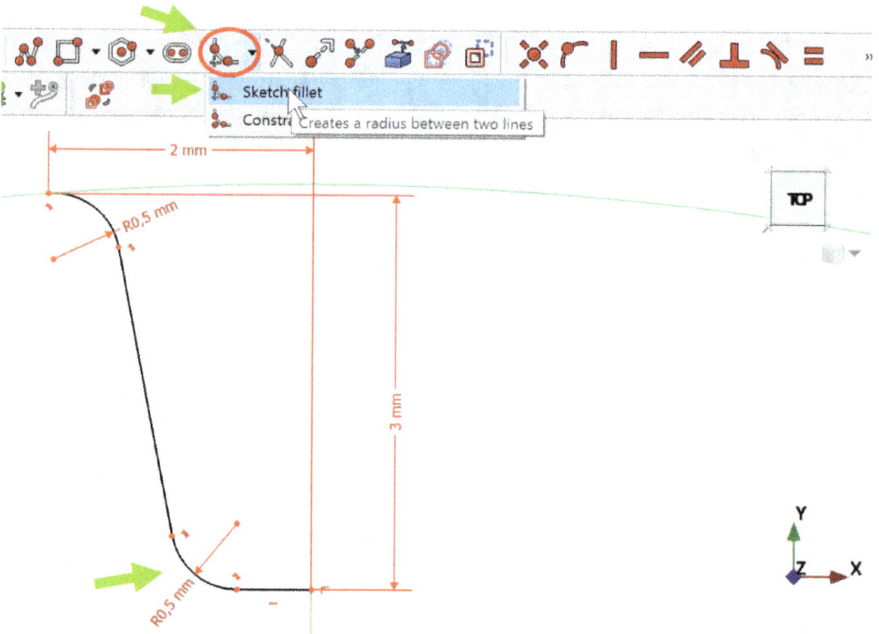

Pour une définition complète de l'esquisse, nous pouvons coter la ligne horizontale la plus basse avec la commande "Constrain distance". Dans ce cas, la valeur de la cote doit être de 0,56 mm.

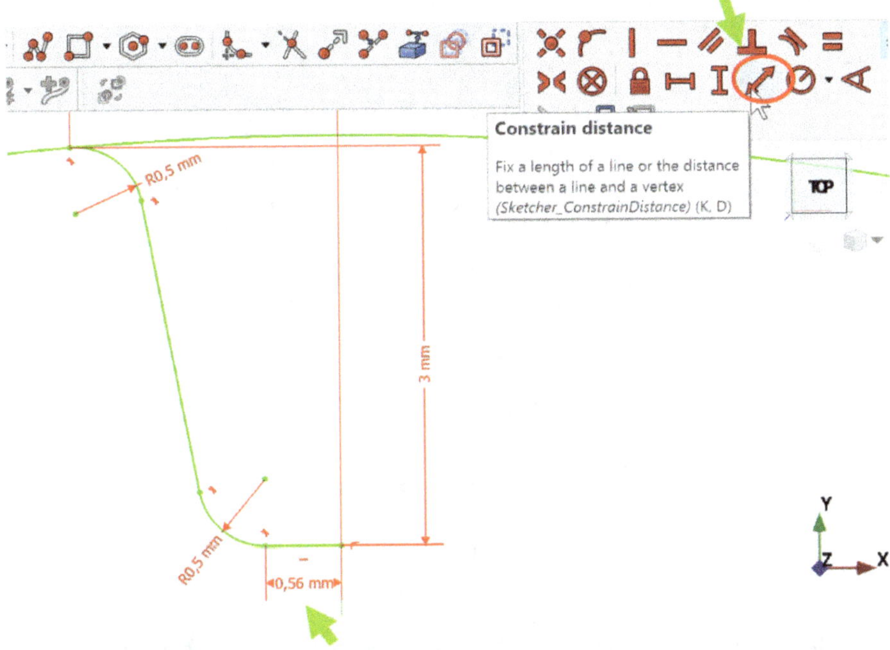

Nous voulons maintenant inverser ce profil de l'autre côté de l'axe y afin d'obtenir la géométrie de la première dent de l'engrenage. Pour ce faire, nous cliquons successivement sur les éléments que nous voulons refléter et en dernier lieu sur l'axe y qui servira de référence pour le reflet. Nous sélectionnons ensuite la commande "Symmetry" dans la barre d'outils.

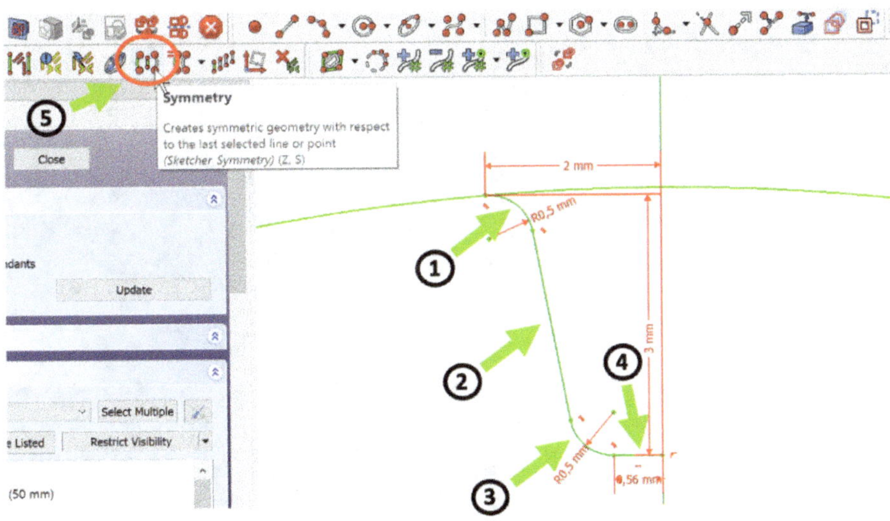

Nous obtenons ainsi la deuxième moitié du profil.

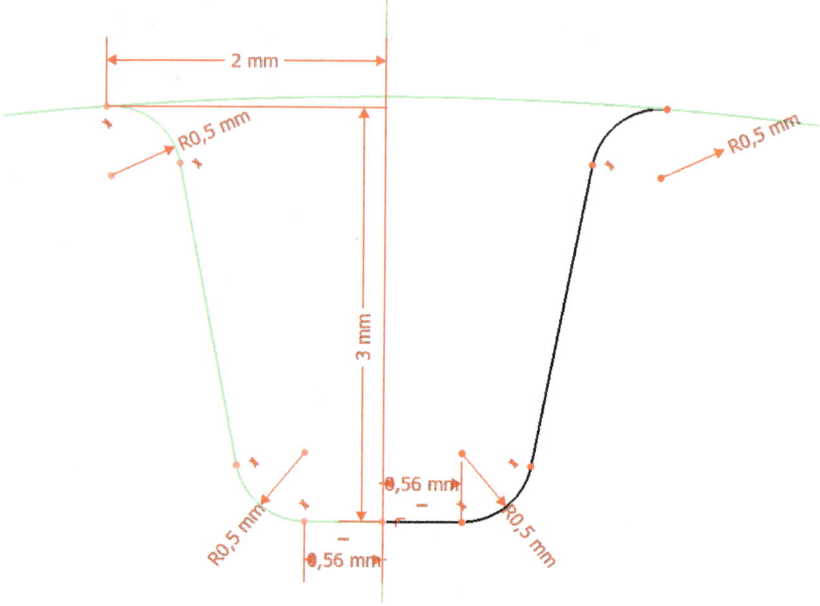

Si nous faisons glisser la géométrie en maintenant le bouton droit de la souris enfoncé, nous constatons que nous pouvons encore la déplacer librement. La couleur noire de la géométrie en témoigne. Pour la définir complètement, nous devons ajouter des contraintes et des cotes pertinentes. Essayez de le faire vous-même. Si vous n'y arrivez pas, vous pouvez vous inspirer des instructions de la première moitié (quelques pages plus haut), car les contraintes et les cotes sont identiques pour les deux moitiés.

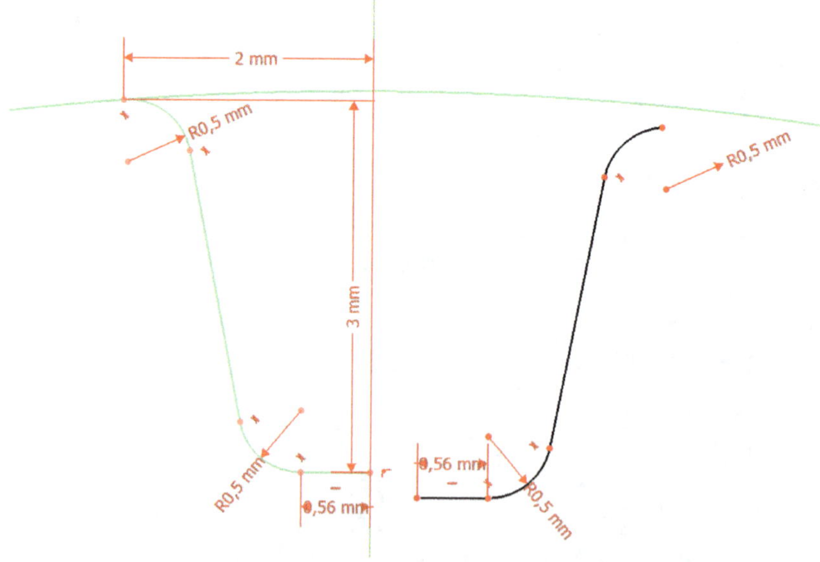

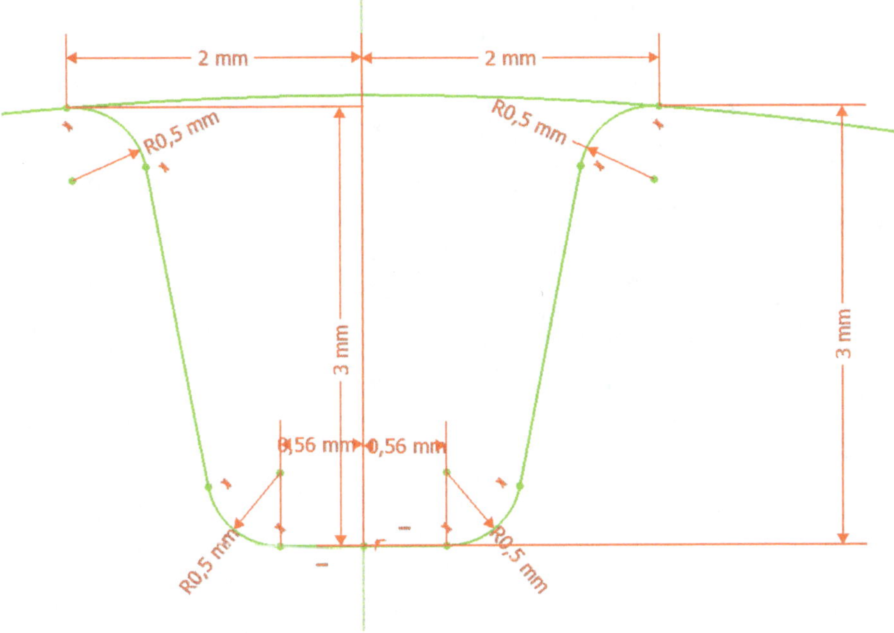

Le profil de la première dent est terminé. Avant de fermer l'esquisse, nous allons cependant supprimer le contour extérieur du cercle de 50 mm en utilisant la fonction "Trim edge".

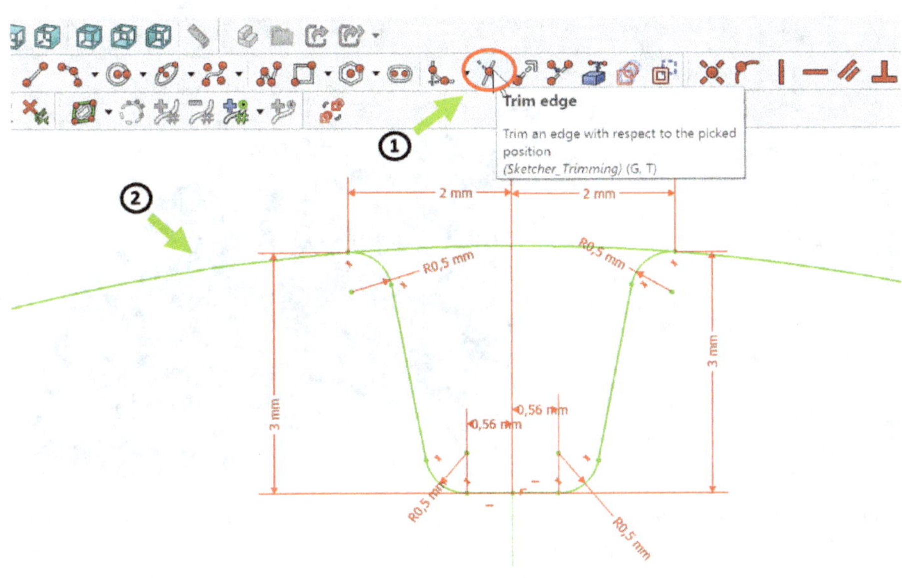

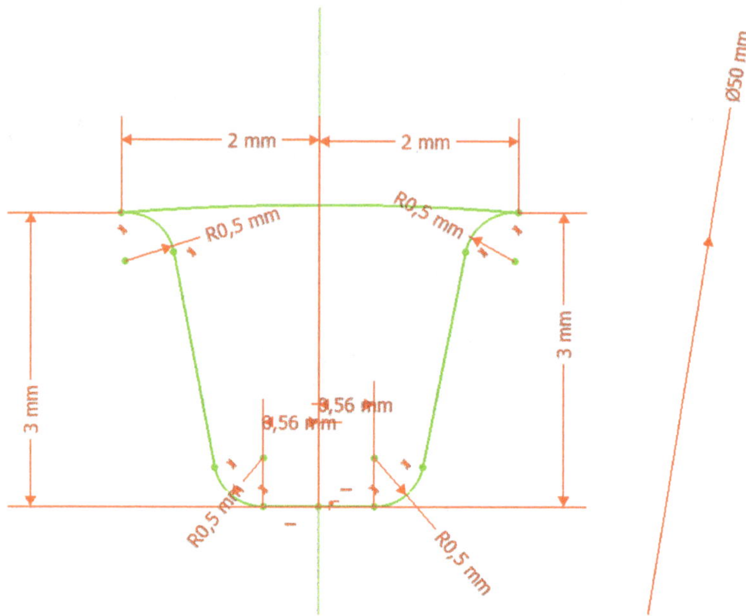

Après avoir fermé l'esquisse, nous pouvons découper la première dent à l'aide de la fonction "Pocket". Pour le paramètre "Type", utilisez l'option "Through all" pour effectuer une découpe complète.

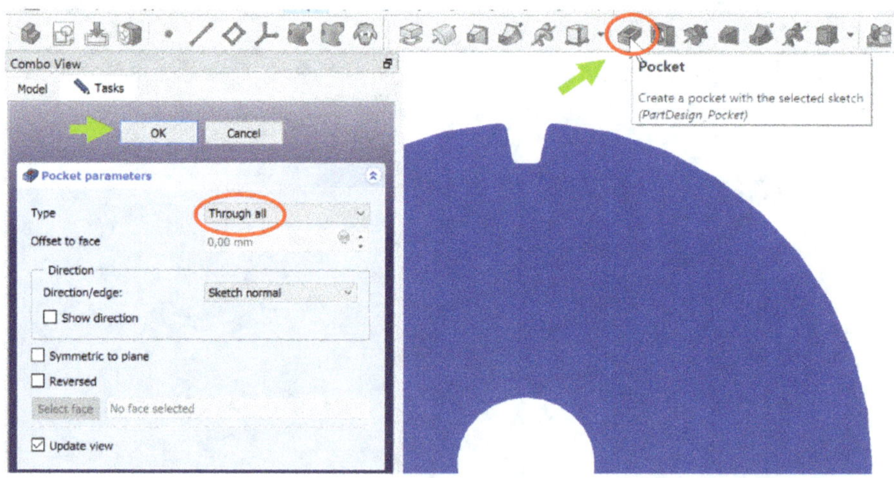

Pour éviter de créer toutes les autres dents de cette manière, nous allons utiliser la fonction "Polar Pattern", qui nous permet de créer un motif circulaire. Cela signifie que nous pouvons copier la section de la première dent dans une disposition circulaire - autour du centre.

Pour ce faire, nous sélectionnons dans l'arborescence la section que nous venons de créer ("Pocket"), puis nous cliquons sur la commande "Polar Pattern" dans la barre d'outils.

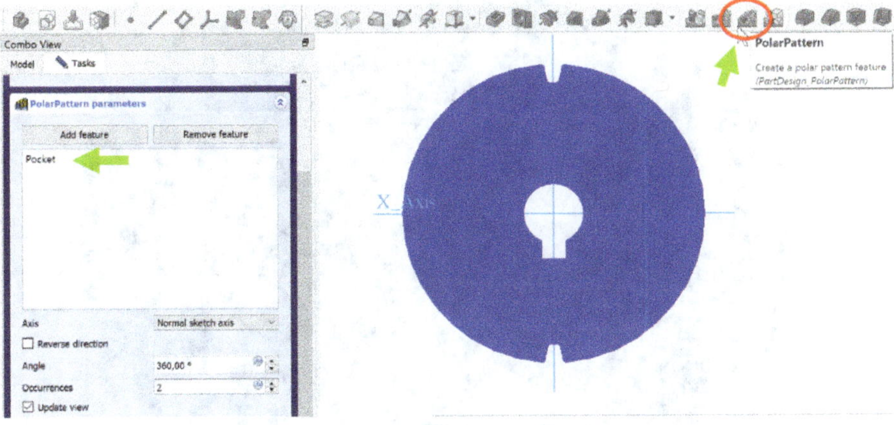

Dans la partie inférieure des paramètres de la commande, nous pouvons maintenant saisir le nombre de copies souhaitées. Par exemple, nous en avons besoin de 25. Nous obtenons ainsi un aperçu de toutes les dents de la roue dentée et nous pouvons les créer en cliquant sur "OK".

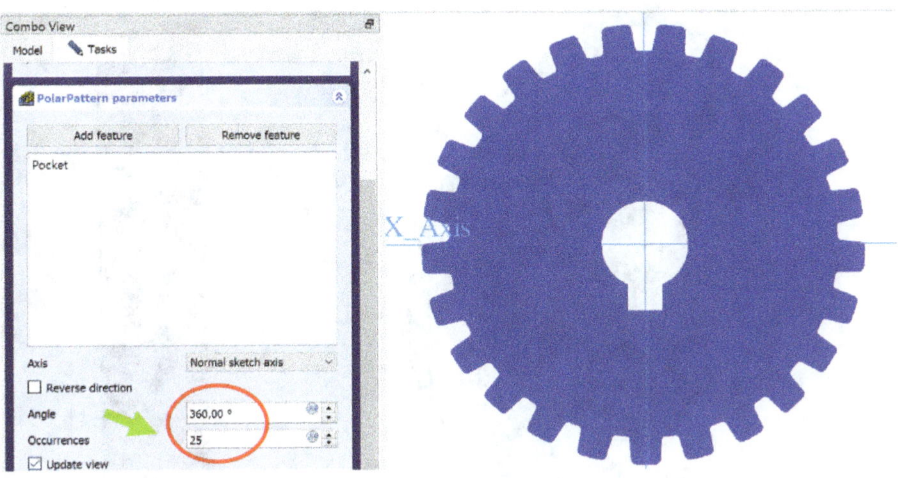

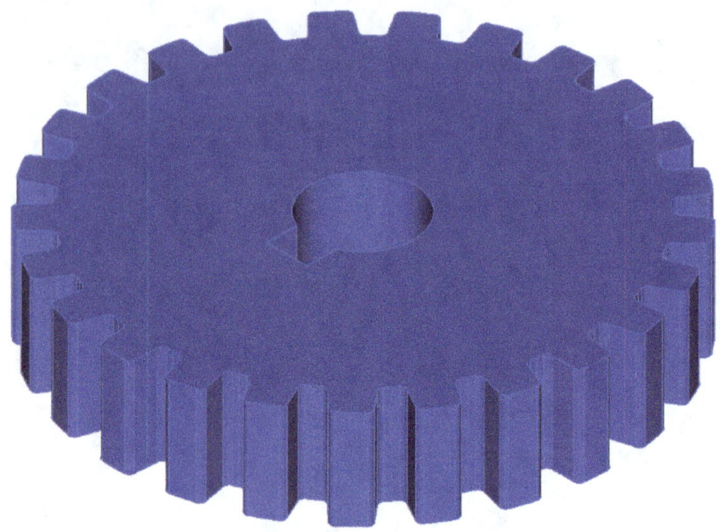

Nous avons réussi ! Après une courte pause, nous passons au projet suivant ! Nous allons créer un vase de fleurs artistique. Dans la prochaine section, nous ajouterons d'autres objets de la vie quotidienne, comme une télécommande et un arrosoir.

5 Projet n° 4 : Vase de fleurs

Bon retour parmi nous ! Dans ce projet, nous allons concevoir un vase de fleurs chic que nous construirons comme une simple pièce rotative.

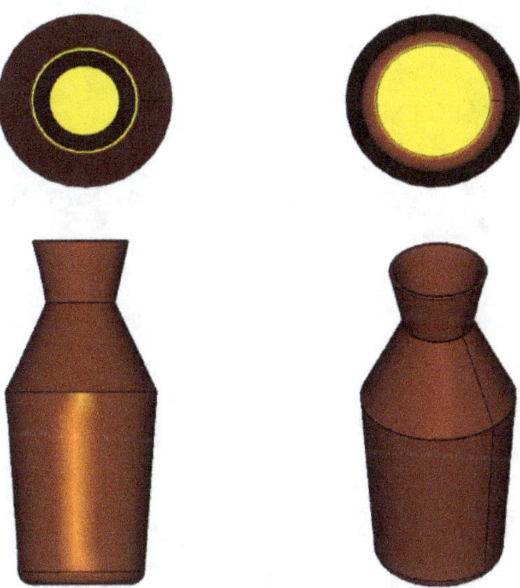

Après avoir créé un nouveau document "Part Design" et un corps, nous démarrons une esquisse, par exemple sur le plan x-z, et dessinons - comme pour toutes les pièces de révolution - la moitié de la section transversale du corps 3D.

Nous commençons l'esquisse par une ligne verticale de 250 mm de long. Nous plaçons le point de départ de la ligne à l'origine des coordonnées et, à l'aide de la contrainte "Constrain verticale distance" ou "Constrain distance", nous cotons la ligne.

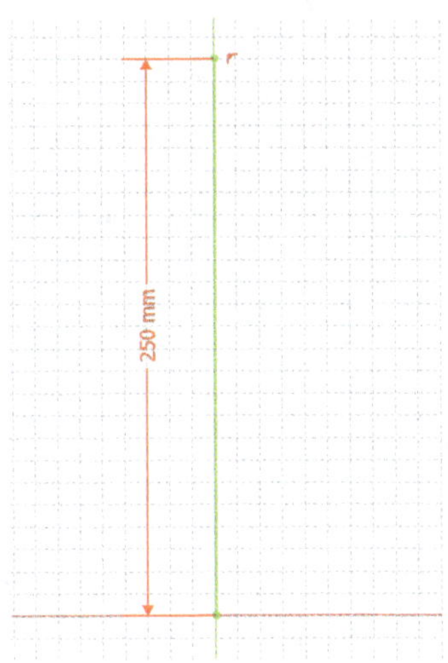

Ensuite, nous esquissons une ligne de délimitation horizontale supérieure et inférieure avec une cote de 35 mm pour la ligne supérieure et de 45 mm pour la ligne inférieure.

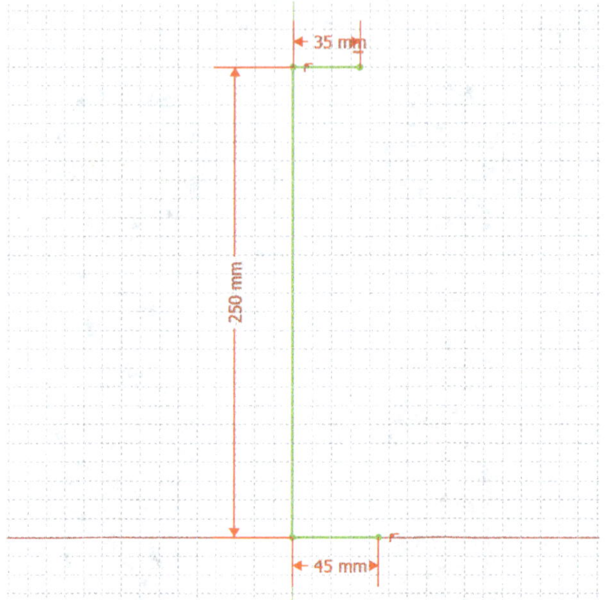

Deux autres lignes horizontales suivent ensuite, qui serviront de lignes d'aide pour dessiner le contour extérieur du vase. Une ligne doit mesurer 25 mm de long et une ligne doit mesurer 55 mm de long.

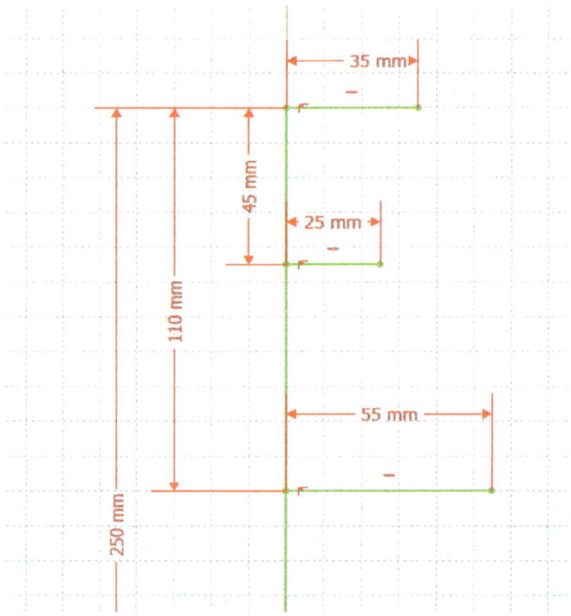

La ligne de 25 mm est placée à 45 mm de l'extrémité supérieure de la ligne verticale et la ligne de 55 mm est placée à 110 mm de ce même point. Nous traçons maintenant trois lignes de jonction, comme indiqué, pour compléter le contour extérieur.

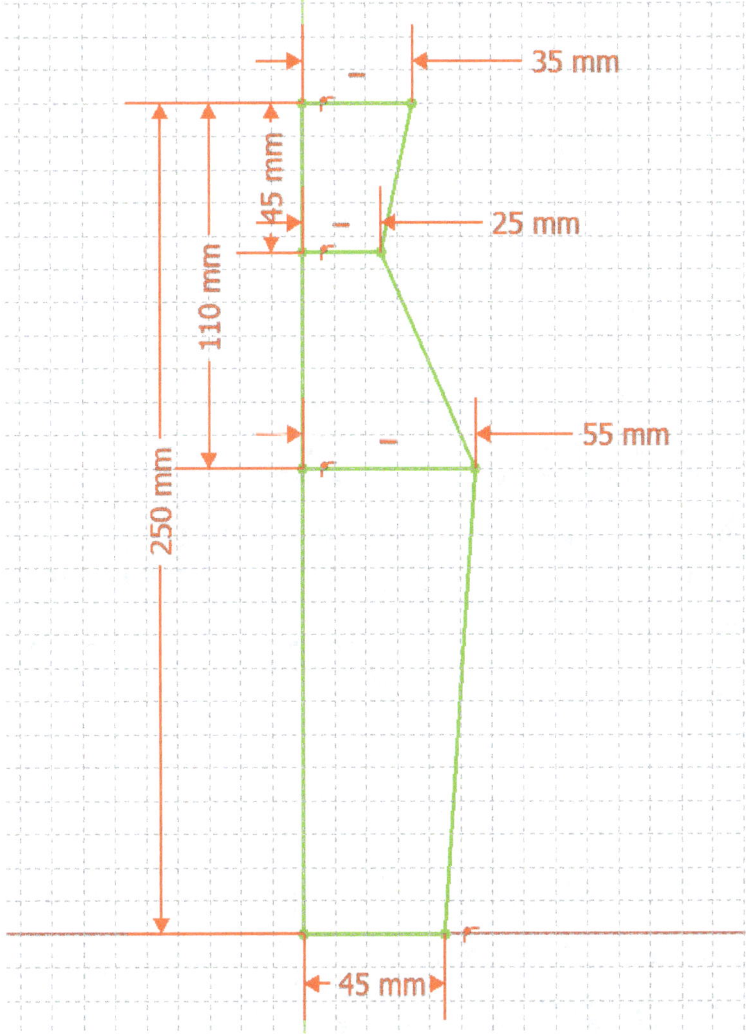

Les deux lignes d'aide créées précédemment doivent maintenant être converties en lignes de construction. L'avantage est que ces lignes sont ensuite ignorées par le programme en mode 3D ("Part Design") et que nous obtenons ainsi une surface continue que nous pouvons faire pivoter. Dans le cas contraire, nous aurions trois segments individuels. La conversion se fait très simplement en sélectionnant une ligne à la fois et en cliquant sur la commande "Toggle construction geometry" dans la barre d'outils. La couleur de la ligne devrait ensuite changer, en fonction de la sélection effectuée dans les paramètres. Dans ce cas, les lignes deviennent bleu clair.

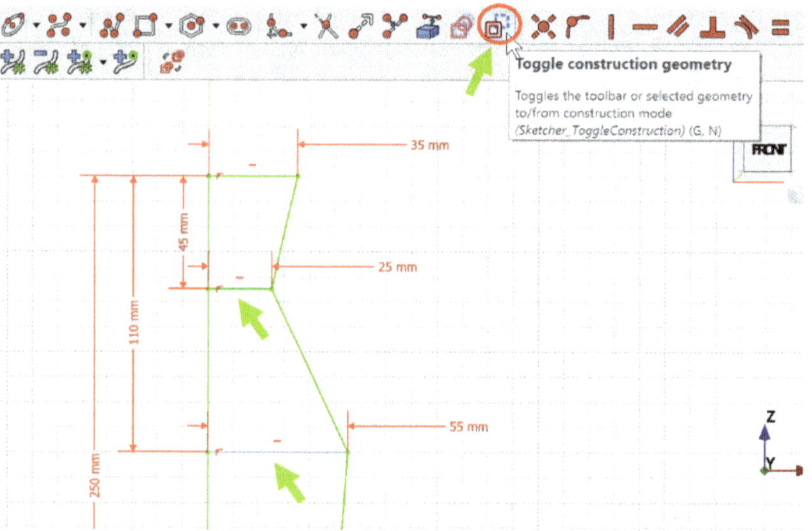

Nous pouvons maintenant fermer l'esquisse 2D et faire tourner la moitié créée de la section du vase autour d'un axe en cliquant sur la commande "Revolution".

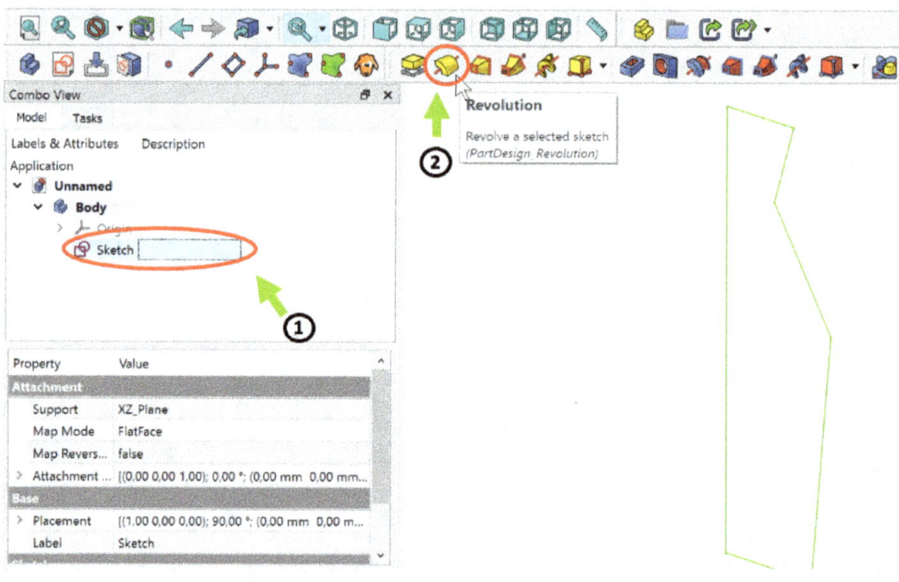

Dans les paramètres, nous pouvons laisser l'option "Axis" sur la sélection "Vertical sketch axis". L'angle de 360° est également déjà défini et convient parfaitement à notre modèle. En cliquant sur "OK", nous créons le modèle.

Le corps de base du vase est maintenant terminé. Ensuite, nous creusons le corps en cliquant sur la surface supérieure du vase et en utilisant la commande "Thickness".

Pour l'épaisseur de la paroi, nous pouvons par exemple choisir une valeur de 3 mm. Il est important d'activer l'option "Make thickness inwards" afin que les dimensions extérieures du vase ne changent pas.

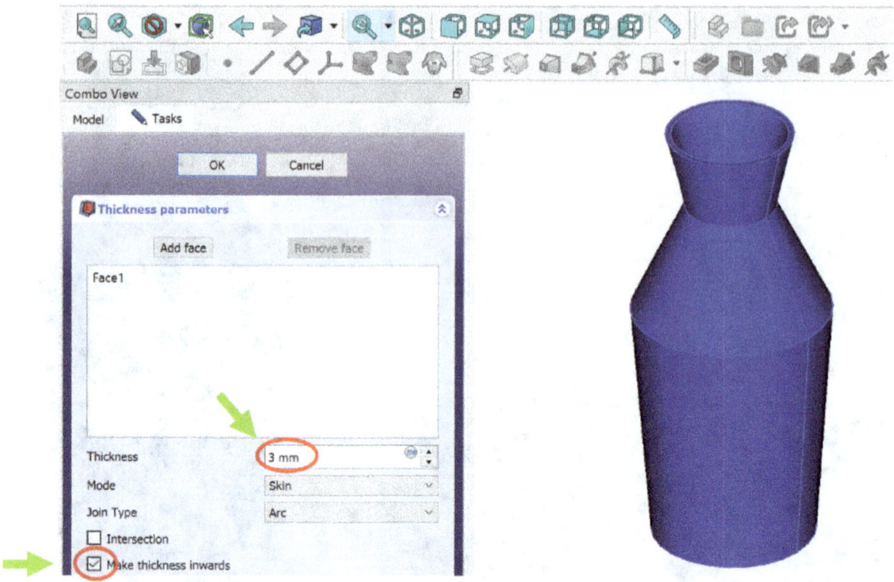

Pour adoucir encore un peu le design anguleux, nous ajoutons un arrondi de 10 mm pour le bord inférieur.

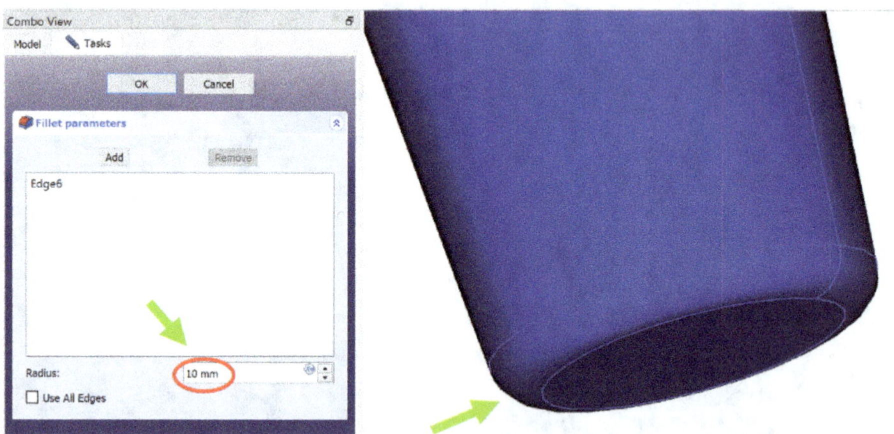

Pour les trois autres arêtes, nous choisissons par exemple des congés de 1 mm. Une sélection multiple est possible en maintenant la touche CTRL enfoncée.

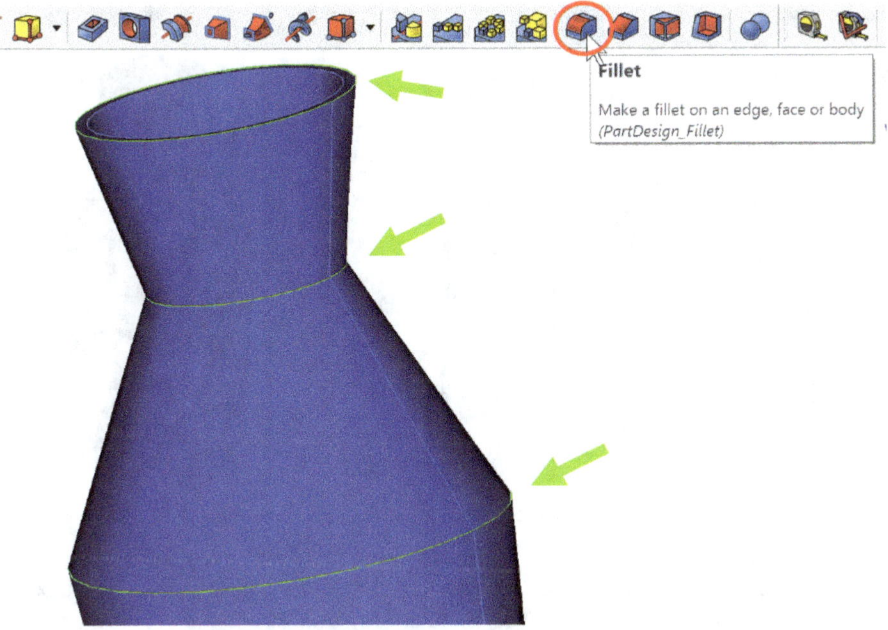

Pour finir, nous souhaitons modifier quelque peu l'apparence du vase de fleurs. Avec un clic droit sur le corps dans l'arborescence et la sélection de "Appearance ...", nous pouvons personnaliser l'apparence à notre guise.

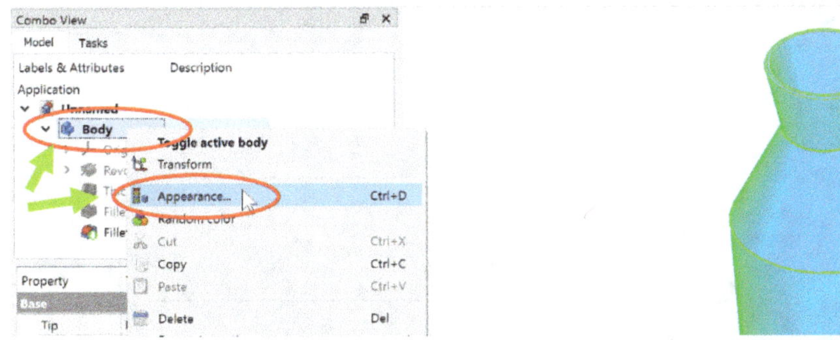

Ici, nous pouvons changer la couleur du corps, mais nous pouvons aussi changer le matériau du corps. Si nous changeons le matériau du corps, l'apparence typique du matériau choisi sera également transférée au modèle 3D. Par exemple, nous pouvons choisir le matériau "Copper" et obtenir un vase de couleur cuivre.

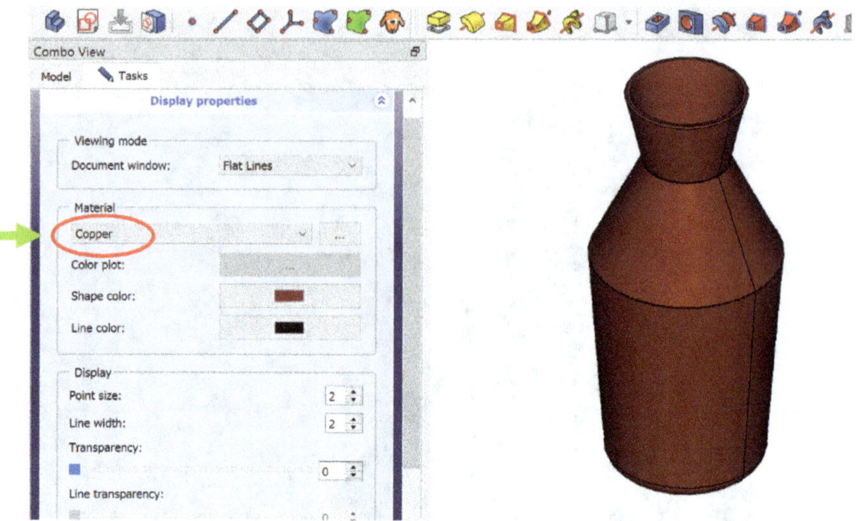

Très bien ! Dans les deux projets suivants, nous nous consacrons à nouveau à des constructions un peu plus difficiles. Nous construisons un ensemble piston, bielle et axe de piston, ainsi qu'une clé à molette. Ensuite, nous nous pencherons sur la conception d'un roulement à billes, d'une télécommande et d'un arrosoir.

6 Projet n° 5 : Bielle, piston et axe de piston

Dans ce projet, nous souhaitons concevoir un ensemble piston, bielle et axe de piston.

Pour cela, nous allons commencer par créer le piston. Pour cela, nous commençons un nouveau document dans l'espace de travail "Part Design" et créons un corps ("Create Body"). Pour la forme de base du piston, nous avons besoin d'un corps cylindrique. Nous le créons en extrudant une esquisse que nous dessinons sur le plan x-y. Dans cette esquisse, nous dessinons un cercle de 85 mm de diamètre et pouvons ensuite fermer l'esquisse.

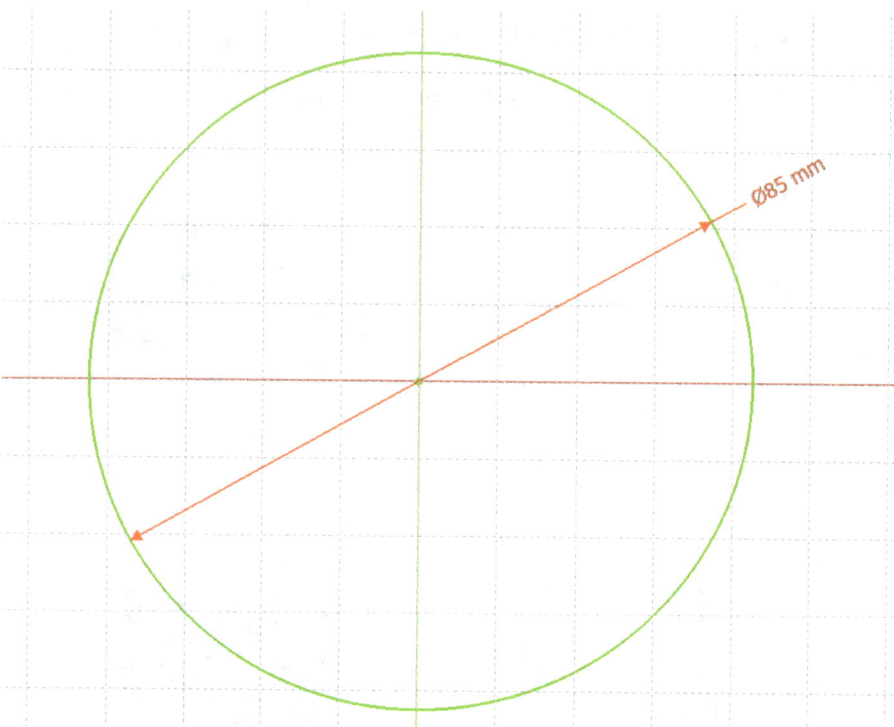

Nous devons maintenant extruder la surface circulaire de 70 mm à l'aide de la commande "Pad".

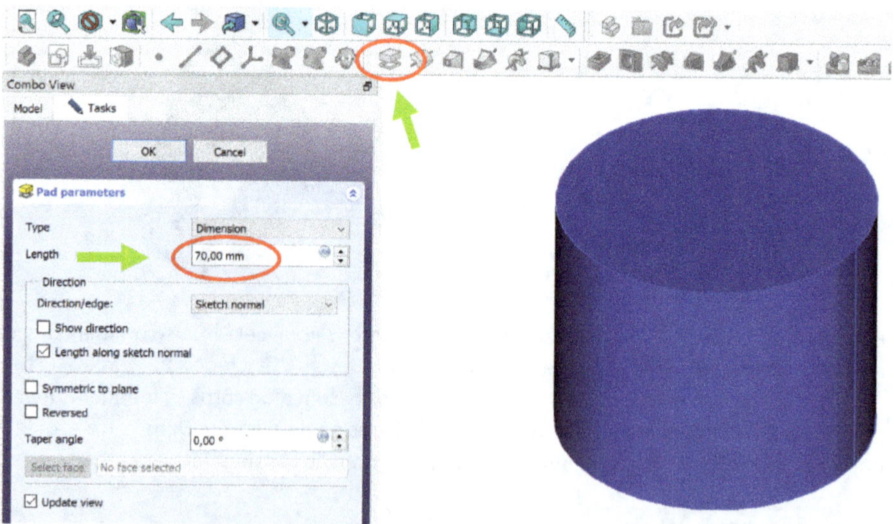

L'étape suivante consiste à creuser le piston en sélectionnant la face inférieure du modèle, puis en cliquant sur le bouton "Thickness" de la barre d'outils.

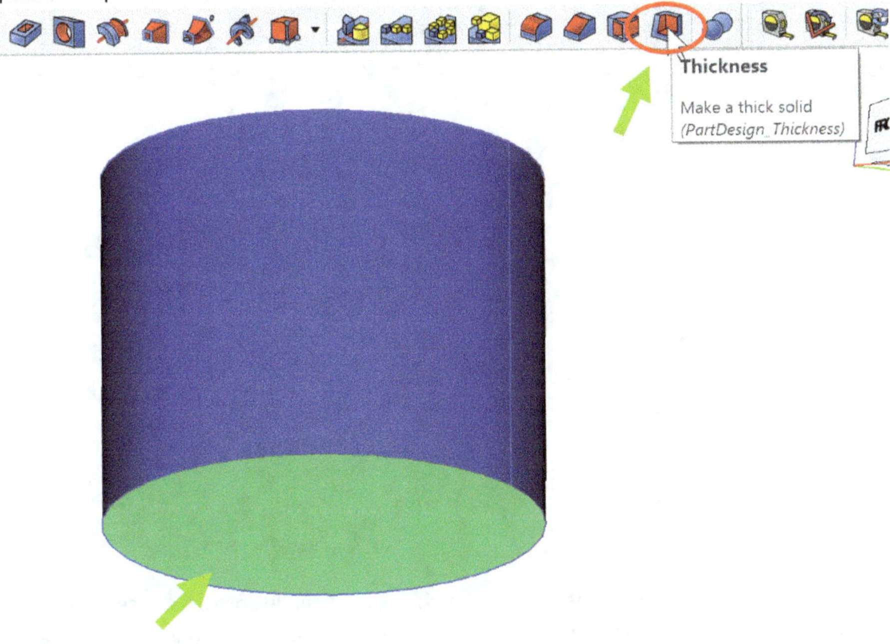

Nous attribuons une épaisseur de paroi de 5 mm ("Make thickness inwards" activer).

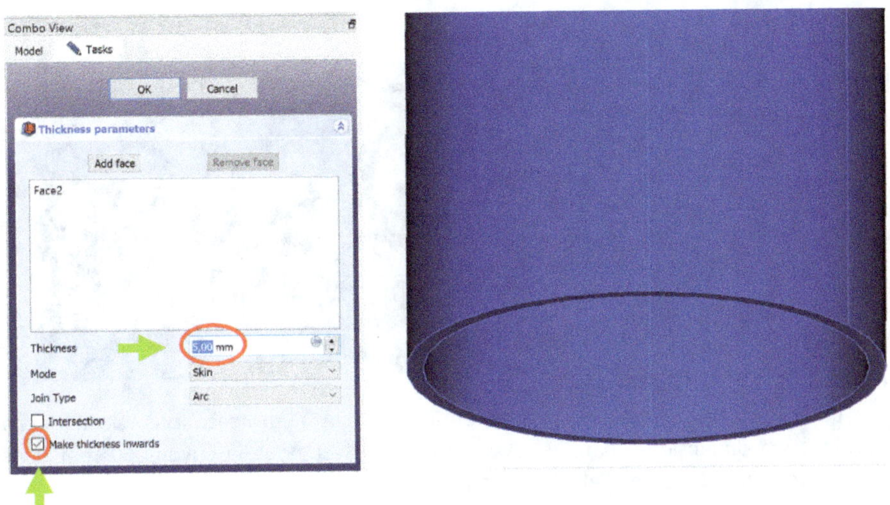

Nous commençons ensuite une esquisse sur le plan x-z afin de réaliser une découpe pour l'axe de piston qui reliera plus tard le piston à la bielle. Après avoir masqué le corps à l'aide de la barre d'espacement, nous dessinons un cercle de 30 mm de diamètre sur l'axe vertical vert. Nous cotons ensuite le cercle à 30 mm de l'origine des coordonnées.

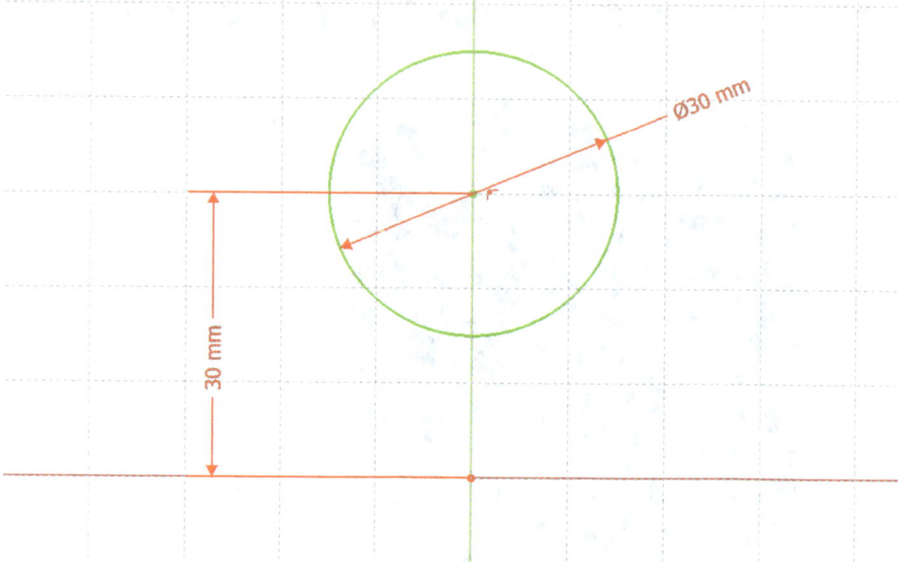

Nous pouvons ensuite fermer l'esquisse et afficher à nouveau le corps. Nous sélectionnons ensuite l'esquisse que nous venons de créer dans l'arborescence et cliquons ensuite sur la commande "Pocket" pour créer une section à travers la pièce complète.

Pour que cette découpe traverse la pièce entière dans les deux sens, nous sélectionnons l'option "Two dimensions" dans le paramètre "Type" et nous inscrivons 50 mm dans chacune des options "Length" et "2nd length".

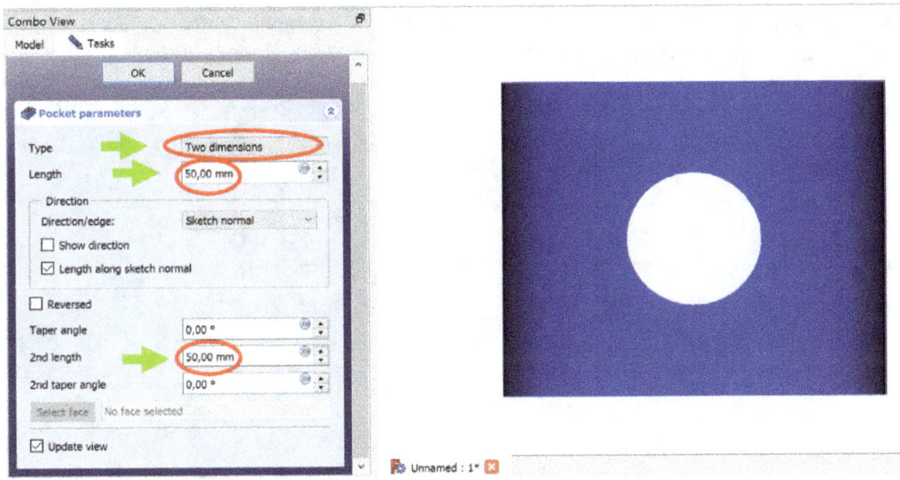

Ensuite, nous ajoutons deux rainures qui seront prévues pour le montage de deux segments de piston. Nous le ferons avec la commande "Groove". Pour cette commande, nous avons besoin d'une esquisse avec un profil que nous allons faire tourner autour d'un axe pour enlever de la matière. Nous créons l'esquisse sur le plan x-z. Nous masquons à nouveau le corps avec la barre d'espacement pour une meilleure visibilité.

Nous créons deux rectangles identiques de 2 mm x 3 mm avec une distance de 5 mm entre eux. Les rectangles devant être alignés, nous définissons une contrainte entre deux sommets des rectangles avec la commande "Constrain vertically".

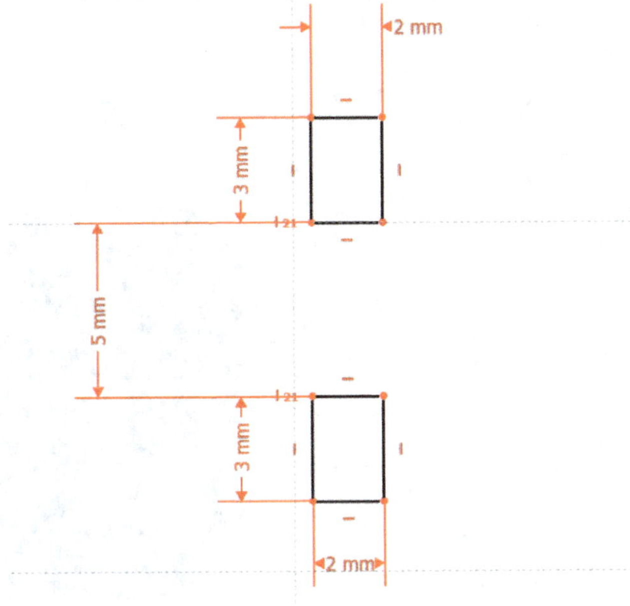

Nous cotons ensuite le coin inférieur gauche du rectangle inférieur à 40,5 mm (horizontalement) ou 52 mm (verticalement) par rapport à l'origine des coordonnées.

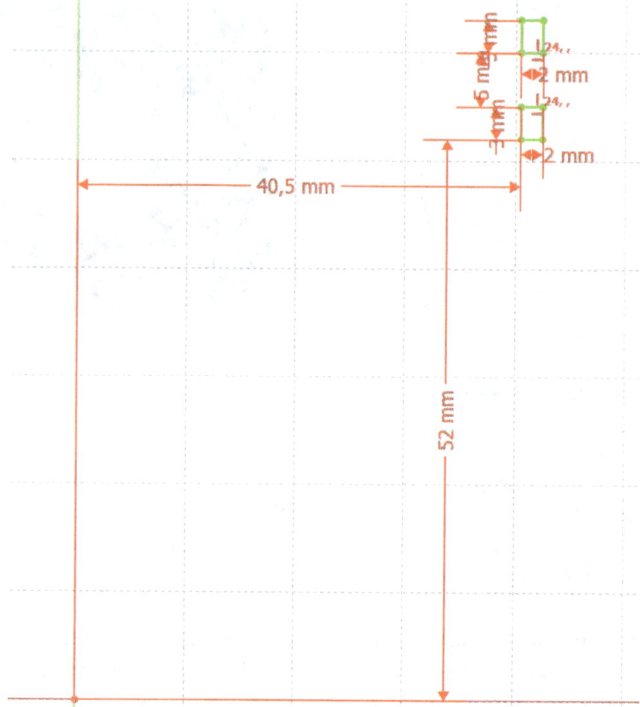

Nous pouvons maintenant fermer l'esquisse et faire réapparaître le corps. Ensuite, nous nous assurons que l'esquisse est sélectionnée dans l'arbre de structure et cliquons sur la commande "Groove".

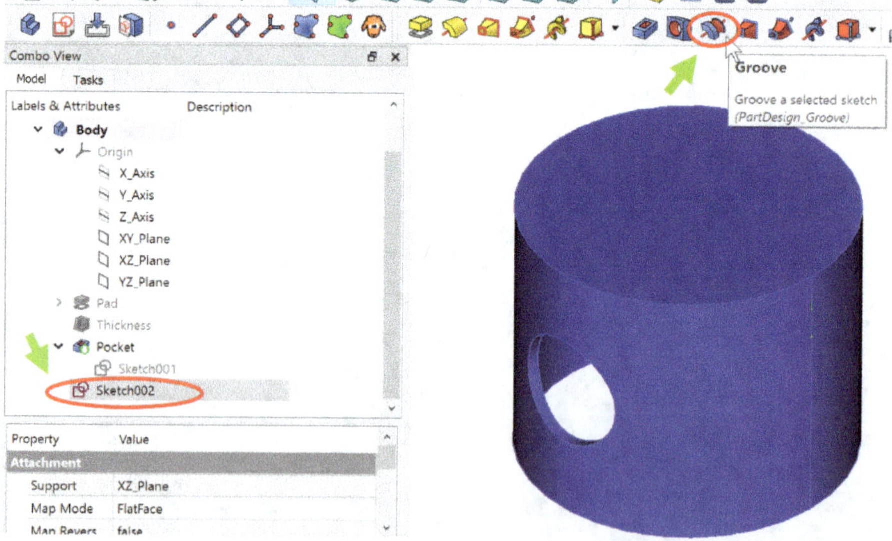

Le programme découpe le profil esquissé hors du corps dans un mouvement de rotation autour de l'axe z, ce qui nous permet d'obtenir les rainures rectangulaires souhaitées.

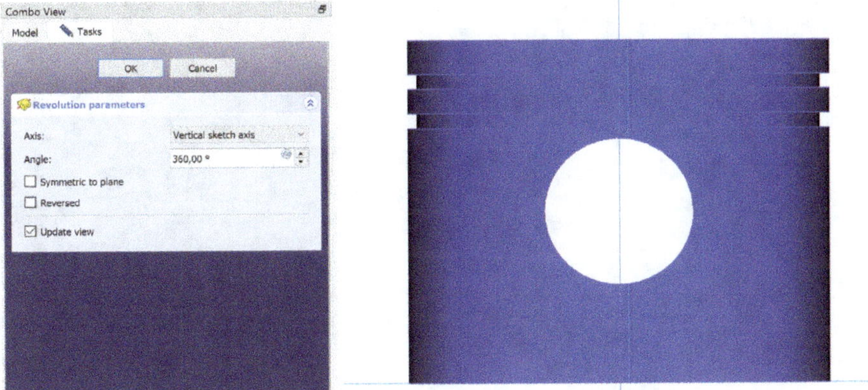

Comme autre détail, nous ajoutons de la même manière, dans la partie supérieure du piston, une cuvette qui assure normalement une répartition optimale du mélange et de la pression. Pour ce faire, nous créons une nouvelle esquisse sur le plan x-z et dessinons le profil triangulaire suivant. Un point du triangle doit être lié à l'axe vertical vert.

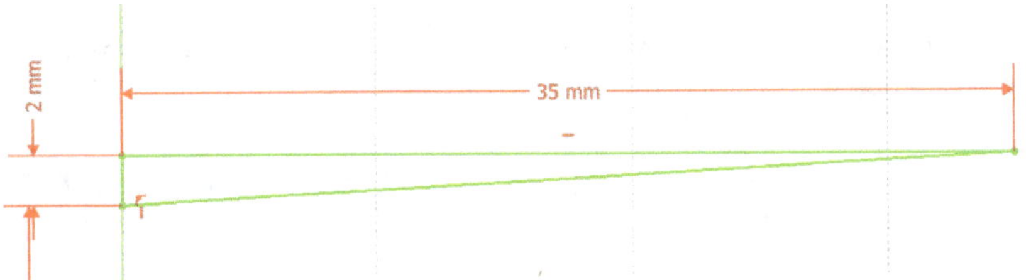

Nous cotons ce profil - en commençant par le coin inférieur gauche - à une distance de 68 mm de l'origine des coordonnées.

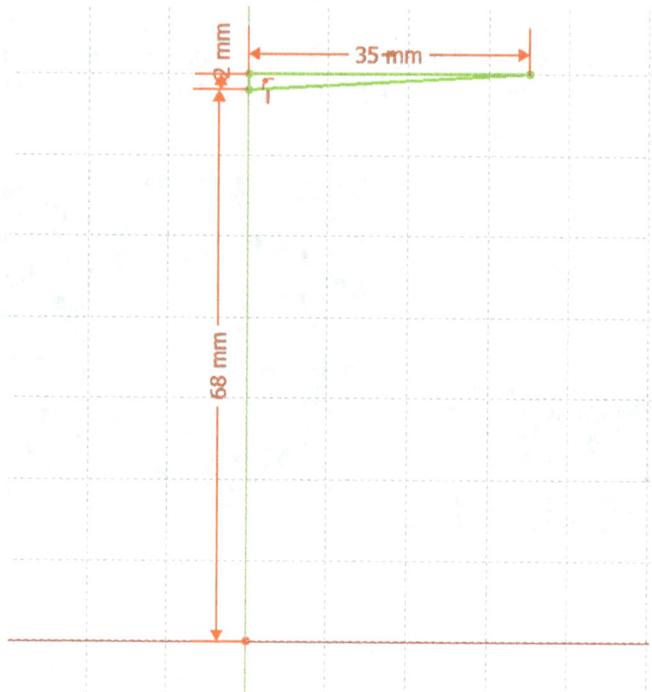

Nous pouvons alors fermer l'esquisse.

Après avoir affiché le corps et sélectionné le profil esquissé, nous utilisons à nouveau la commande "Groove", qui crée le creux souhaité.

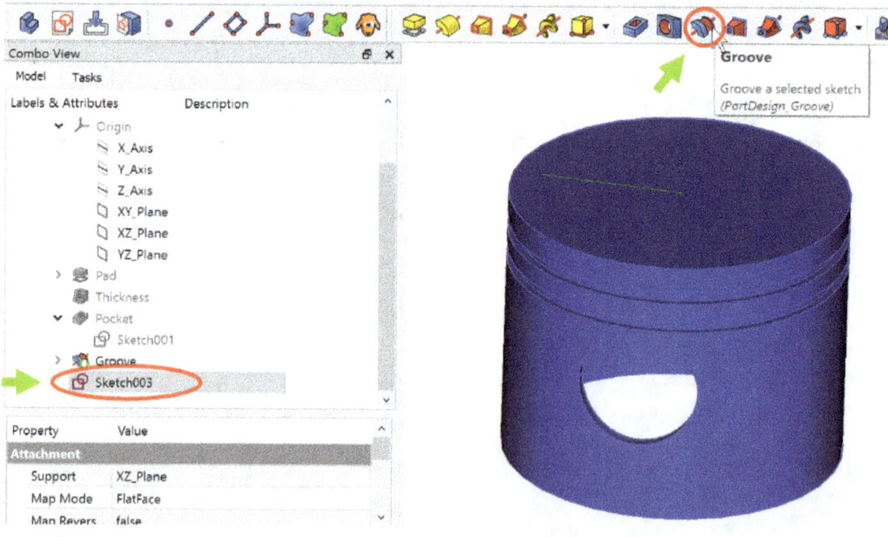

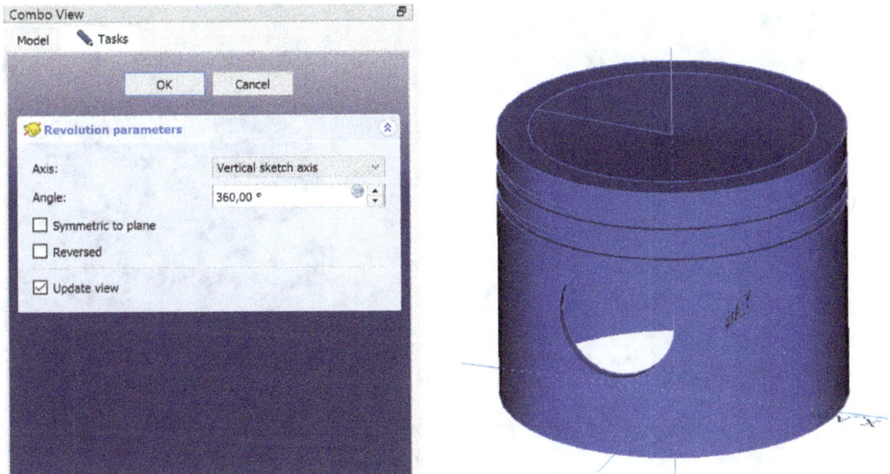

Dans l'avant-dernière étape, nous arrondissons encore les bords supérieur et inférieur du piston de 1 mm chacun.

Enfin, nous créons deux découpes au niveau des ouvertures pour l'axe du piston.
Pour cela, nous créons d'abord un plan parallèle au plan x-z avec un espacement de 42,5 mm. Nous le faisons avec la commande "Create a datum plane".

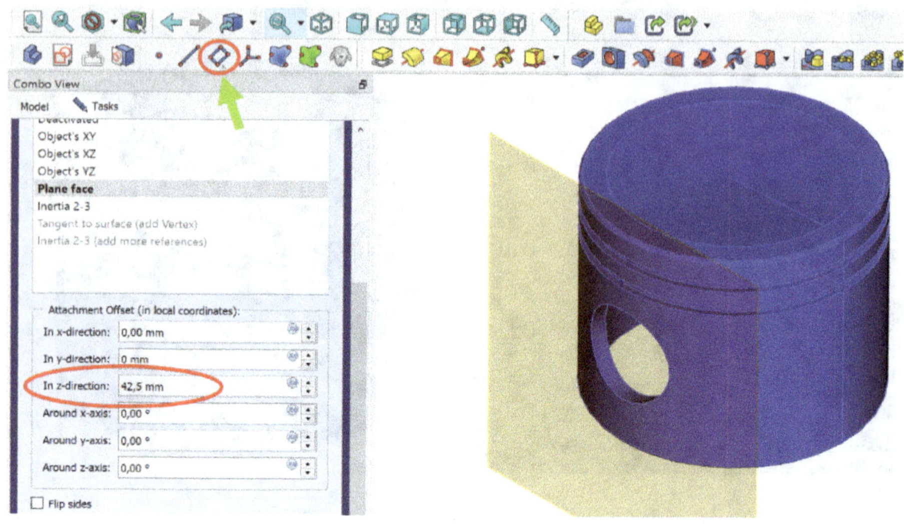

Sur ce plan, nous créons une nouvelle esquisse dans laquelle nous dessinons un rectangle de 45 mm de large et 30 mm de long dont le centre ("Create a centered rectangle") est situé sur l'axe vertical vert. La distance entre le centre du rectangle et l'origine des coordonnées est de 30 mm.

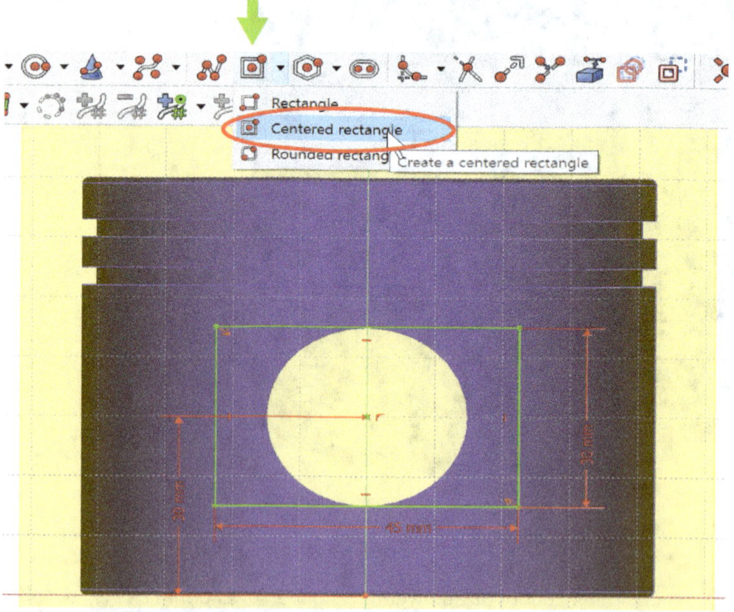

A partir de cette esquisse, nous pouvons ensuite créer une découpe avec une dimension de 3 mm à l'aide de la commande "Pocket".

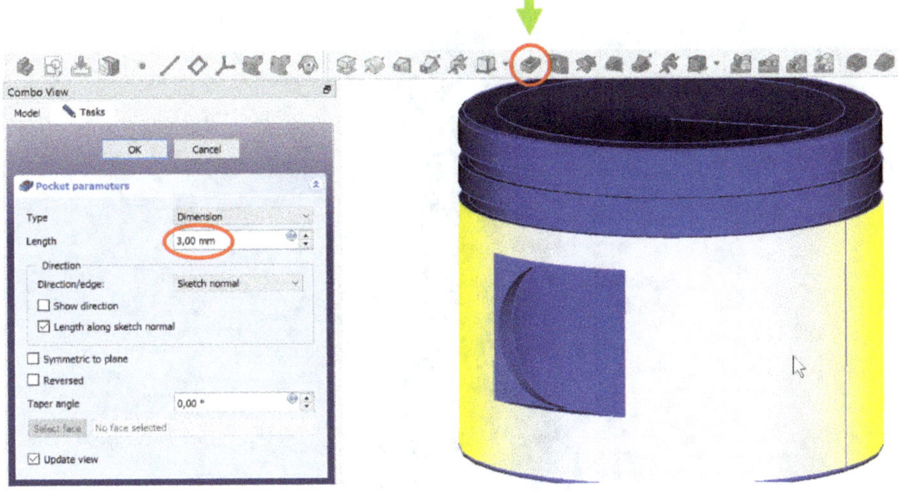

Nous avons besoin de la même section sur le côté opposé. Pour cela, il suffit de retourner la première section. Pour cela, nous utilisons la commande "Mirrored". Nous choisissons le plan x-z comme plan de symétrie.

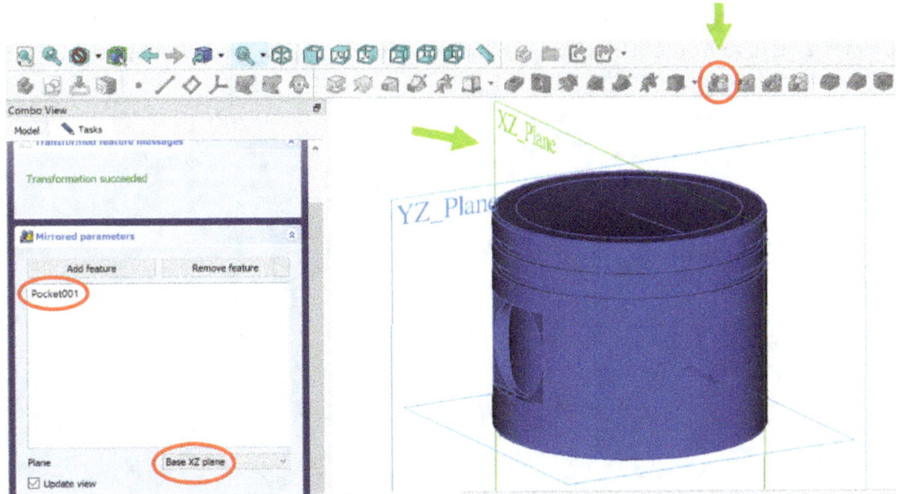

Nous ne détaillerons pas davantage pour des raisons de complexité et de temps. Ce piston ne sera de toute façon qu'un modèle.

Nous allons maintenant passer à la bielle et à l'axe de piston. Mais avant cela, nous devons encore sauvegarder le piston. Ensuite, nous pouvons fermer le document.

Pour la bielle, nous créons à nouveau un nouveau document, un corps et une esquisse sur le plan x-z. Nous esquissons sur ce plan le profil de section de la bielle représentée.

Nous commençons pour cela par les deux "yeux". L'œil de bielle supérieur doit avoir un diamètre de 30 mm (intérieur) et de 40 mm (extérieur). Nous plaçons les centres des cercles à l'origine des coordonnées.

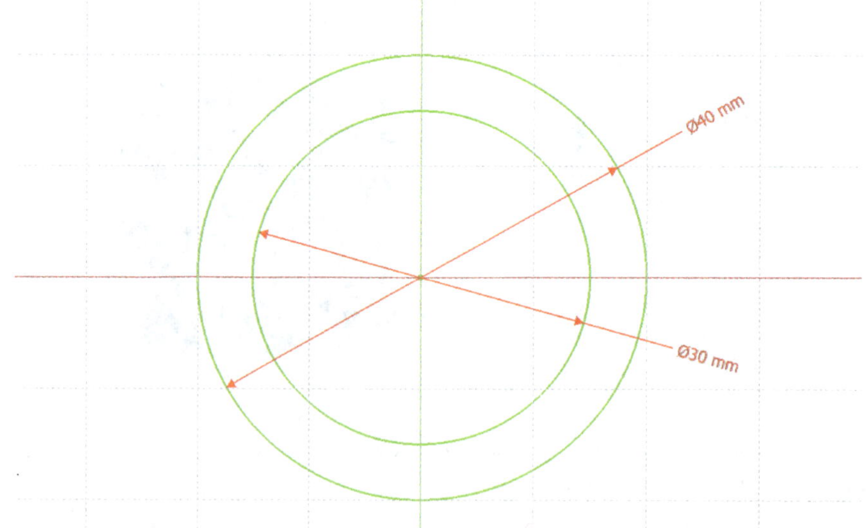

Un peu plus bas, nous dessinons le deuxième œil de bielle, qui se compose également de deux cercles dont les centres doivent coïncider et se trouver sur la ligne verticale verte. Les cercles doivent avoir un diamètre de 50 mm (intérieur) et de 80 mm (extérieur). Nous avons également mesuré la distance entre les centres et l'origine des coordonnées à 165 mm.

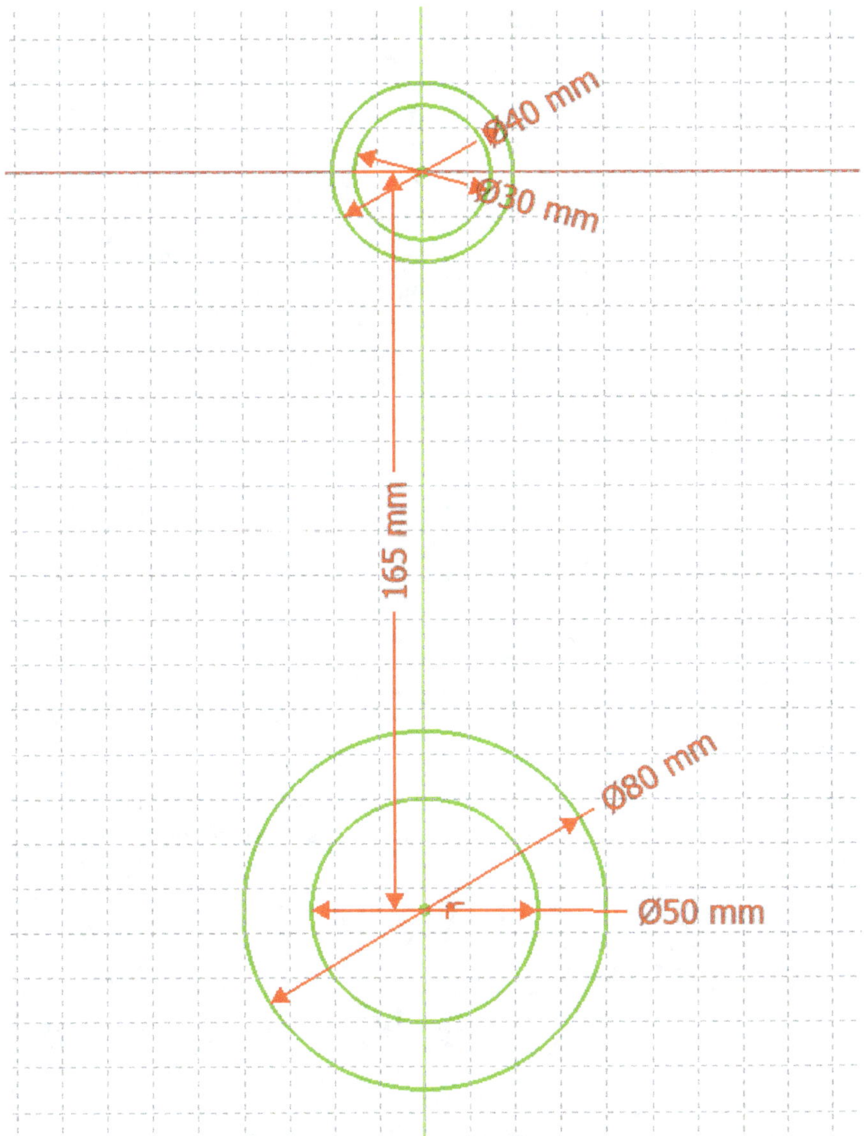

Nous traçons ensuite deux lignes verticales de 65 mm de long, chacune devant être espacée horizontalement de 10 mm du centre de l'œil de bielle supérieur.

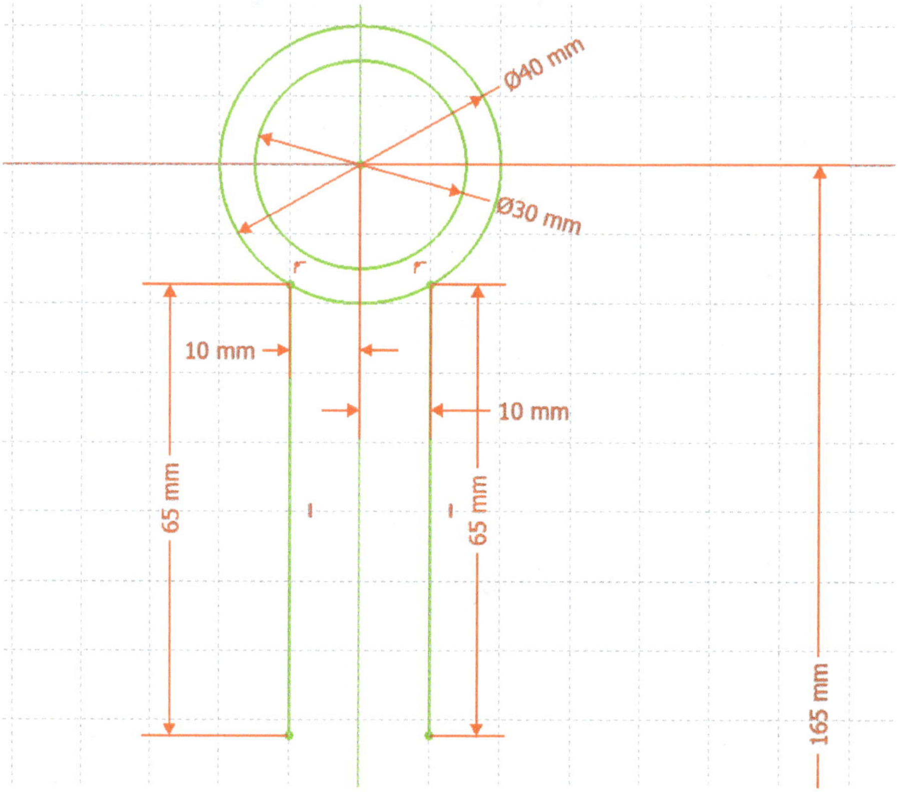

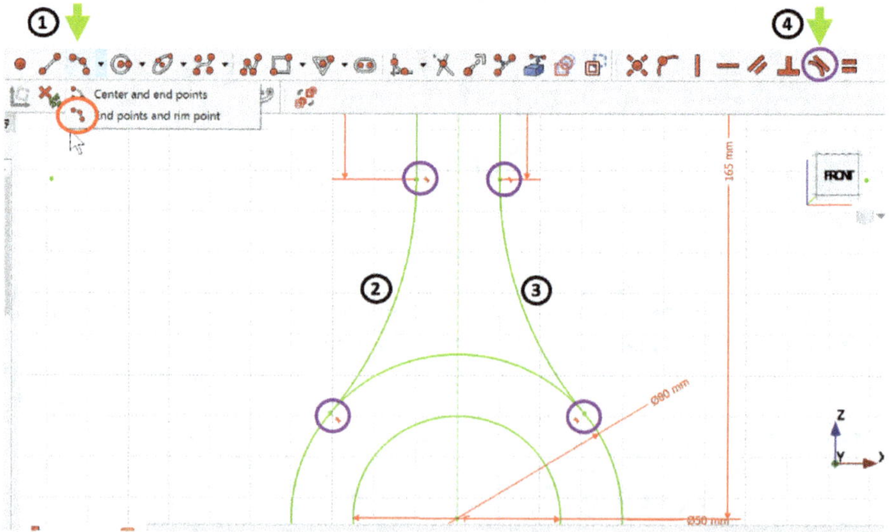

Nous complétons le profil avec deux arcs ("End points and rim point"), qui doivent recevoir des contraintes tangentielles ("Constrain tangent") à leurs extrémités respectives.

Enfin, nous utilisons la fonction "Trim edge" pour supprimer les sections excédentaires.

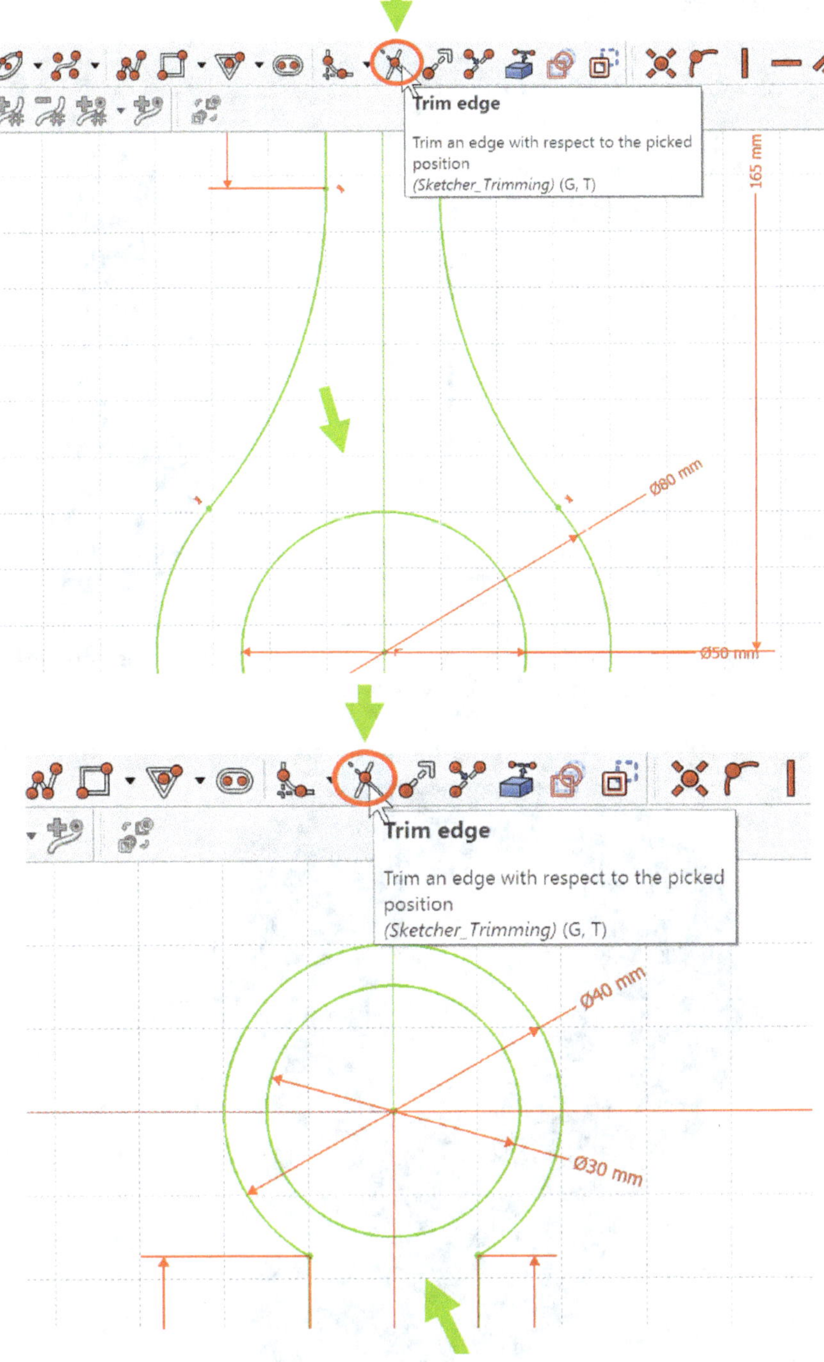

Une fois cela fait, nous pouvons fermer l'esquisse et extruder la bielle de 20 mm avec la commande "Pad".

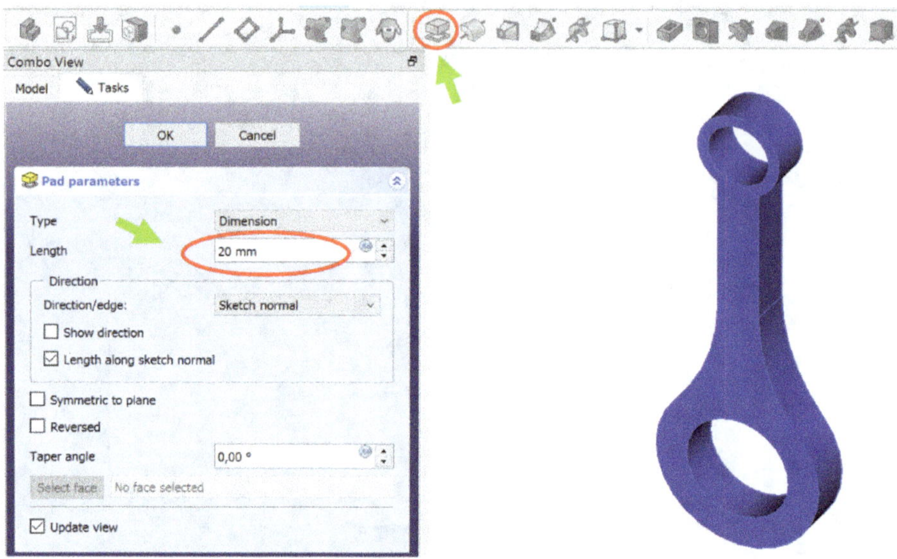

Pour que les transitions dans la partie supérieure de la bielle ne soient pas trop extrêmes, nous pouvons arrondir ces bords avec un rayon de 20 mm.

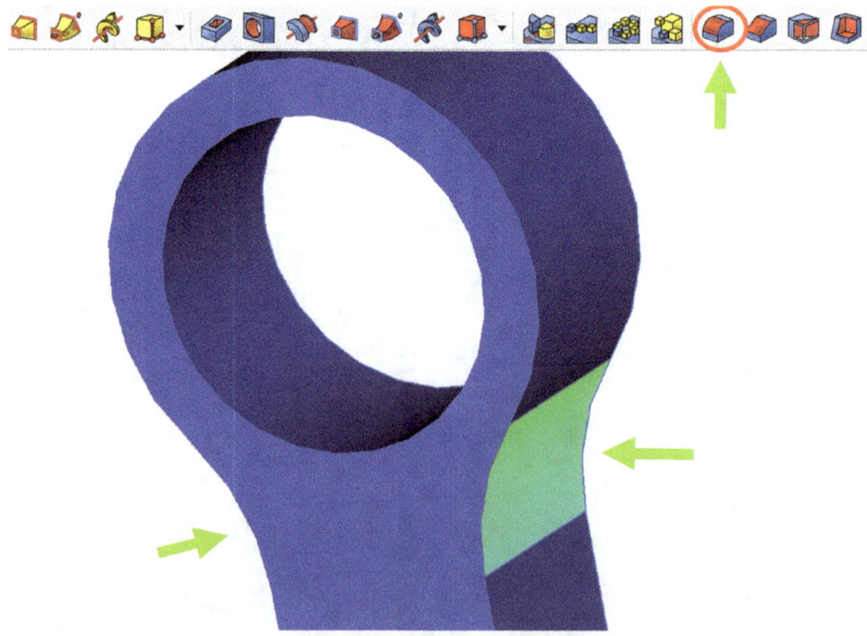

Nous arrondissons également tous les autres bords du recto et du verso de 1 mm. Pour ce faire, nous sélectionnons le recto et le verso en maintenant la touche CTRL enfoncée, puis nous cliquons sur la commande "Fillet".

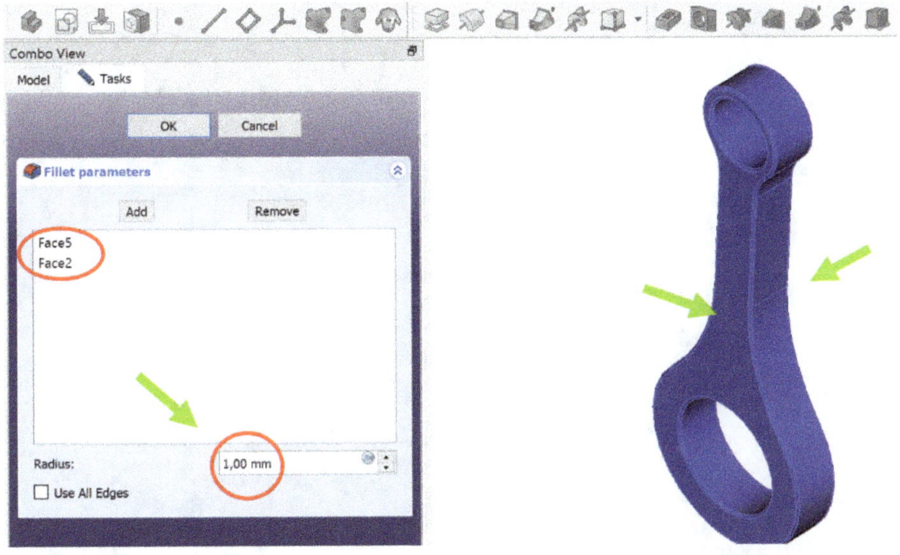

Dans ce cas, notre corps 3D est un modèle très simplifié.

Normalement, dans la partie inférieure, le composant est divisé en deux, la géométrie est plus fonctionnelle et il y a également les coussinets de bielle qui se trouveraient dans l'œil inférieur et qui servent de paliers lisses.

Nous pouvons alors sauvegarder la bielle et la fermer. Ensuite, nous dessinons l'axe de piston avant d'assembler virtuellement l'ensemble piston, bielle et axe. Nous créons un nouveau document, un nouveau corps et dessinons sur son plan y-z un cercle de 30 mm de diamètre, que nous extrudons ensuite sur 79 mm et creusons jusqu'à une épaisseur de 3 mm. Vous pouvez le faire vous-même pour vous entraîner.

Voici la solution :

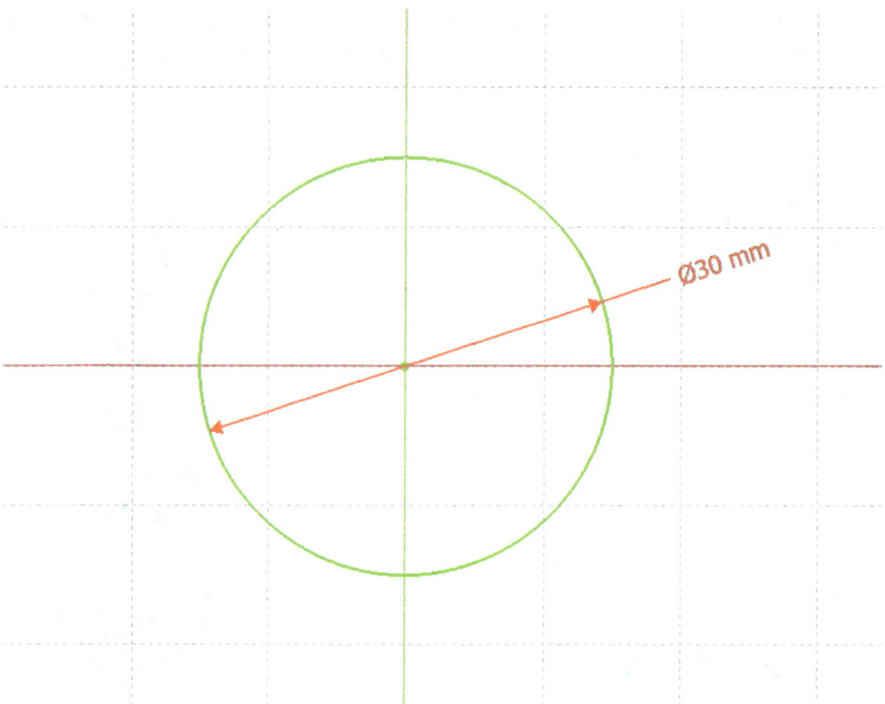

Pour la commande "Thickness", nous sélectionnons les deux faces du goujon. Nous activons également l'option "Make thickness inwards".

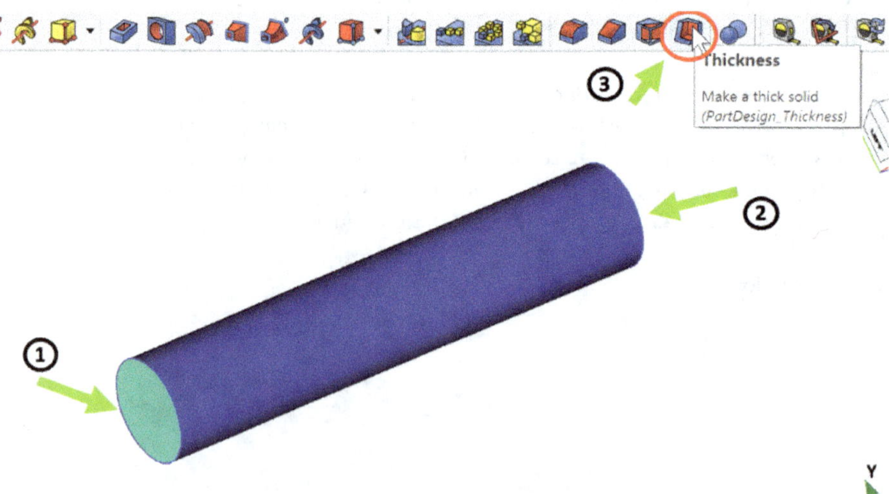

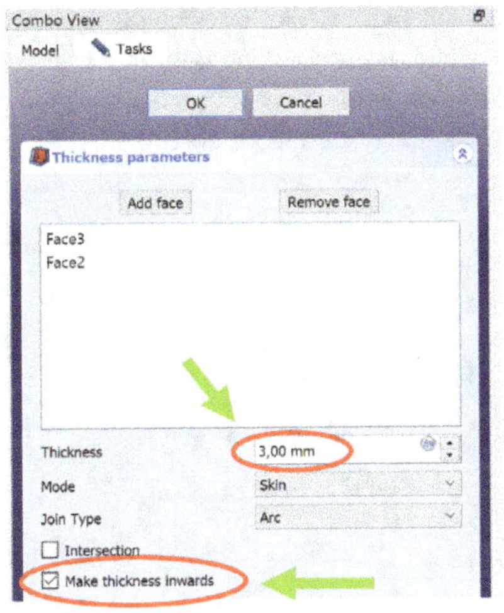

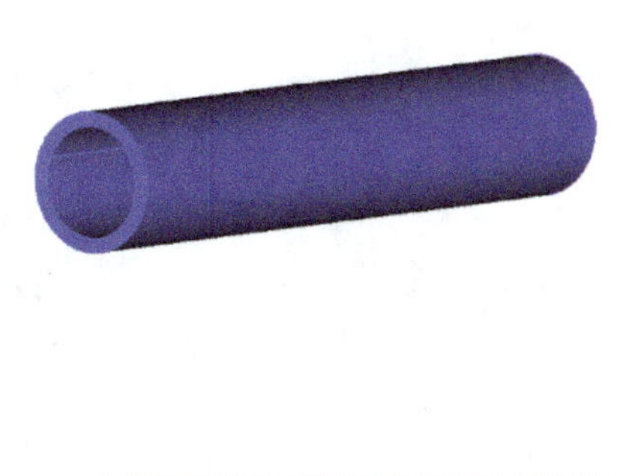

Enfin, nous enregistrons également ce modèle 3D et le fermons.

Dans ce qui suit, nous souhaitons assembler virtuellement les composants. Nous le ferons dans l'espace de travail "A2plus". Cependant, cet espace n'est pas installé par défaut. Si vous le souhaitez, vous pouvez l'installer manuellement via le gestionnaire de modules complémentaires.

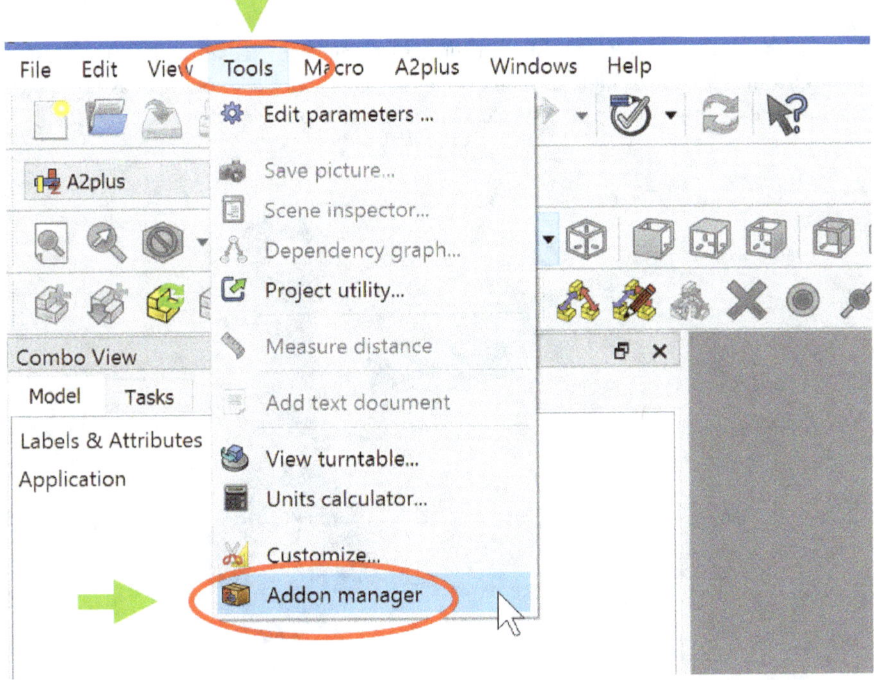

Nous nous trouvons maintenant dans l'espace de travail "A2plus". Ici, nous devons d'abord créer un nouveau document, comme d'habitude. Ensuite, nous pouvons ajouter le premier corps 3D, la bielle, à notre assemblage. Nous le faisons en cliquant sur la commande "Add a part from an external file" dans la barre d'outils. Avant cela, nous devons encore enregistrer le document.

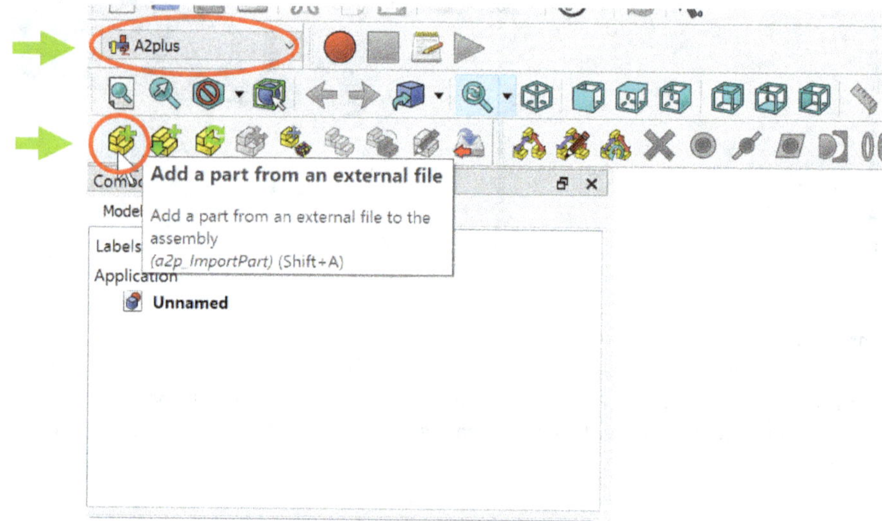

La première pièce que nous insérons dans un assemblage est fixée afin que nous puissions y monter toutes les autres pièces. La deuxième pièce que nous insérons est l'axe de piston, de la même manière. Nous le plaçons d'un simple clic n'importe où dans l'espace 3D.

Ensuite, nous sélectionnons la surface de l'enveloppe de l'axe de piston cylindrique ainsi que la surface intérieure de l'oeil de bielle supérieur (touche CTRL enfoncée) et relions les deux corps 3D à l'aide de la commande "Add axis Coincident constraint".

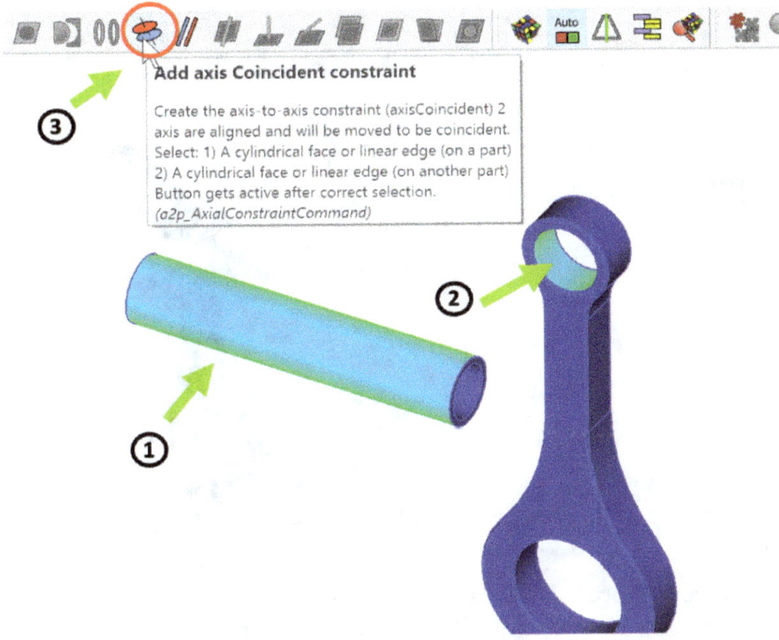

Nous avons ainsi obtenu que les axes des deux éléments soient alignés. Nous confirmons avec "Accept".

Maintenant, le boulon ne peut se déplacer que le long de cet axe. Nous pouvons le vérifier avec la commande "Move the selected part under constraints".

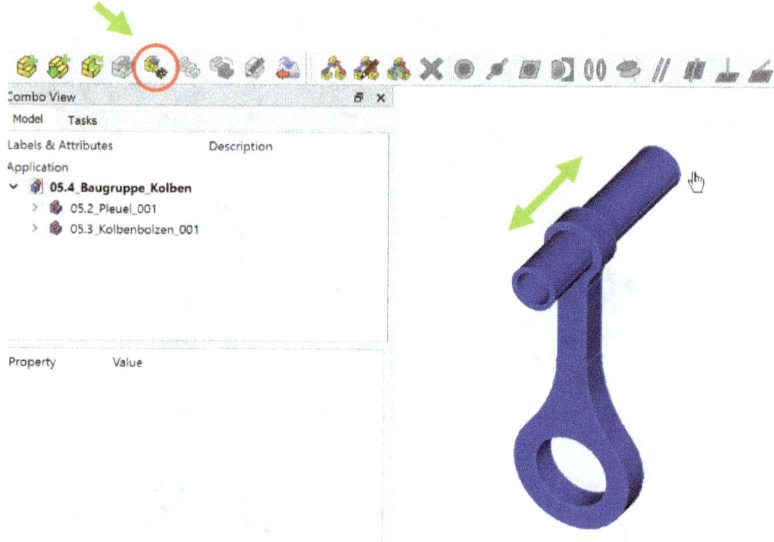

Pour que l'axe de piston soit parfaitement centré, nous ajoutons une condition "planeCoincident constraint" en sélectionnant les deux faces avant des corps 3D et la commande.

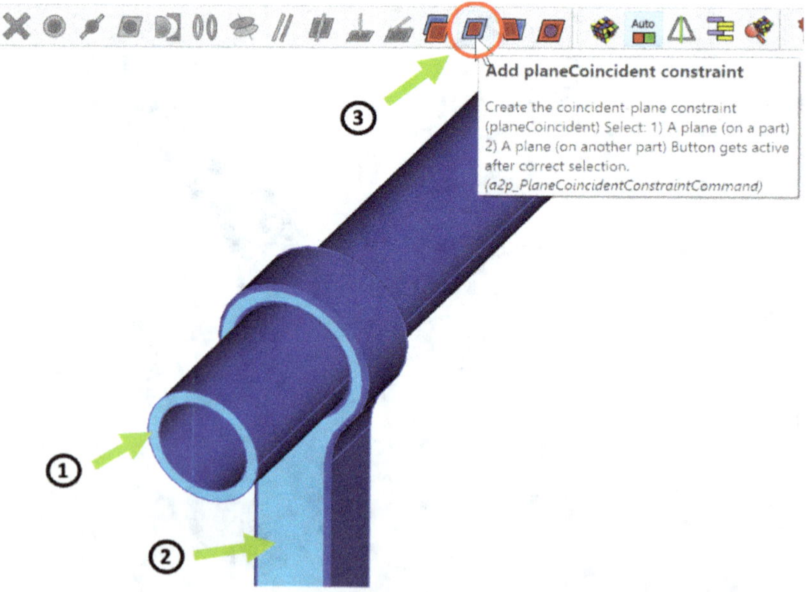

Dans les paramètres (pop-up window), nous inscrivons ensuite un décalage de 29,5 mm pour que le boulon soit parfaitement centré. Confirmez en cliquant sur "Accept".

Enfin, nous ajoutons le piston à l'assemblage. Vous pouvez l'associer à l'axe de piston de manière indépendante.

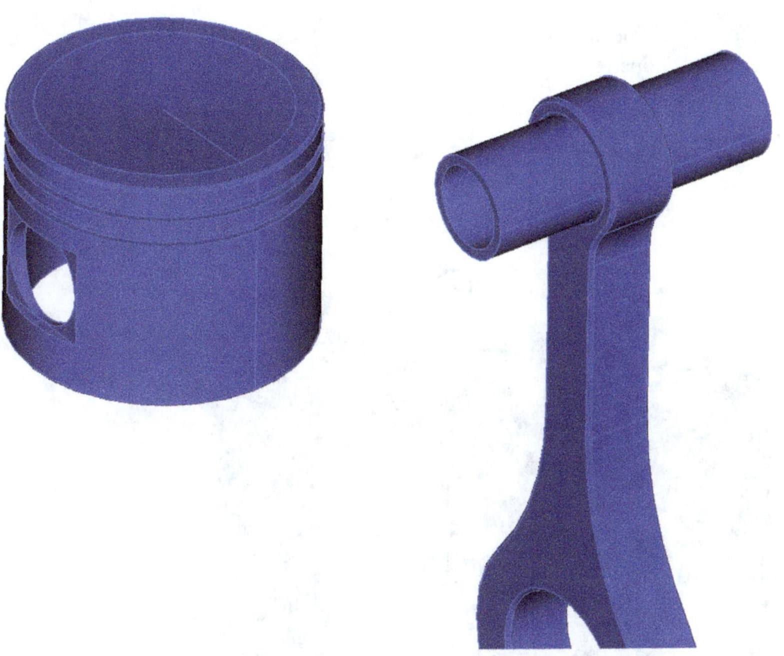

Pour la contrainte, nous exécutons d'abord à nouveau la commande "Add axis coincident constraint".

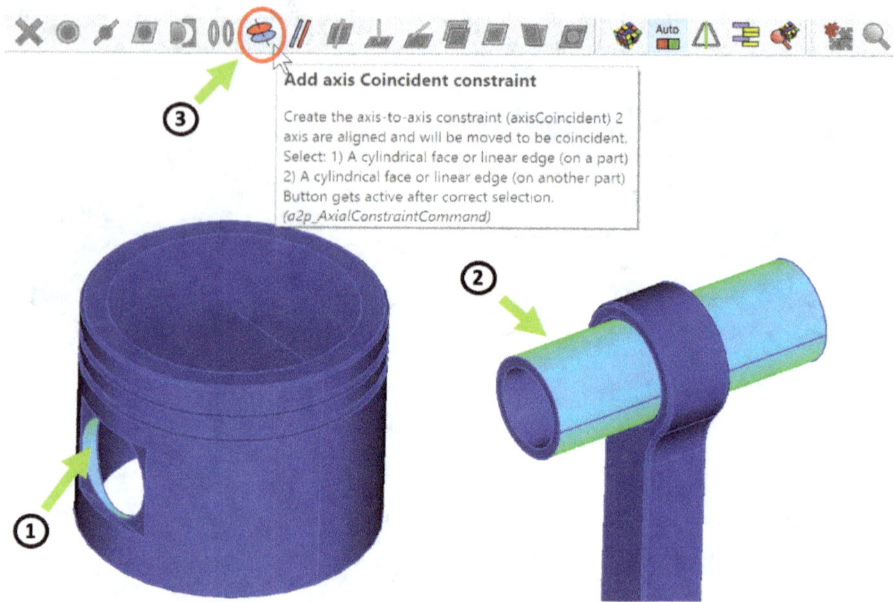

Ensuite, nous relions les deux surfaces représentées à l'aide de la commande "Add planeCoincident constraint".

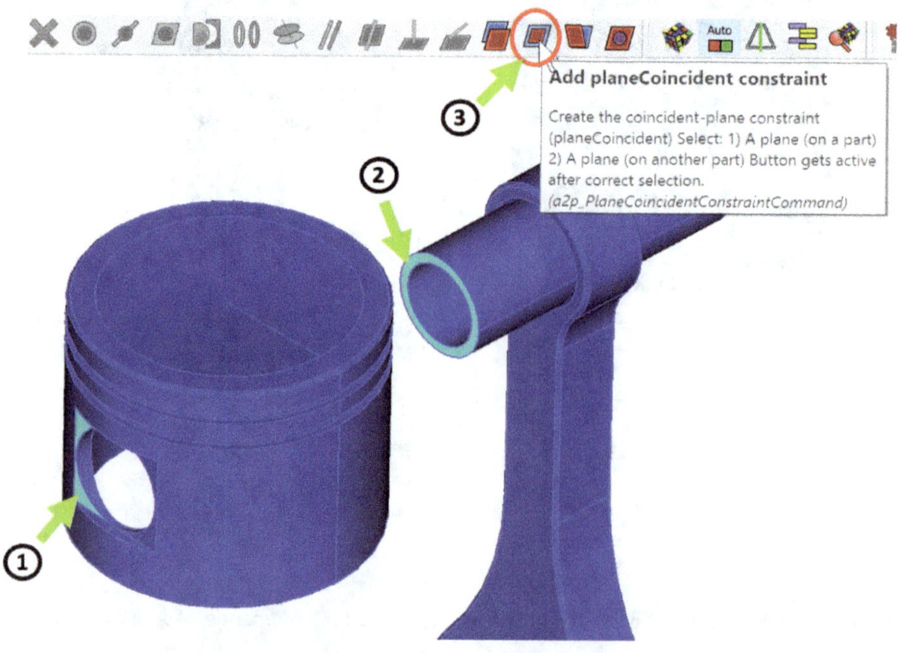

L'assemblage est maintenant terminé. Pour mieux distinguer les différentes pièces, nous pouvons modifier leur matériau ou leur couleur. Nous avons déjà vu comment cela fonctionne dans le projet précédent. Vous pouvez également effectuer ces modifications directement dans l'assemblage. Dans ce cas, les modifications ne sont effectuées que pour l'assemblage et ne sont plus disponibles lorsque vous ouvrez les pièces séparément. Dans ce cas, vous pouvez modifier les matériaux ou les couleurs selon vos propres souhaits.

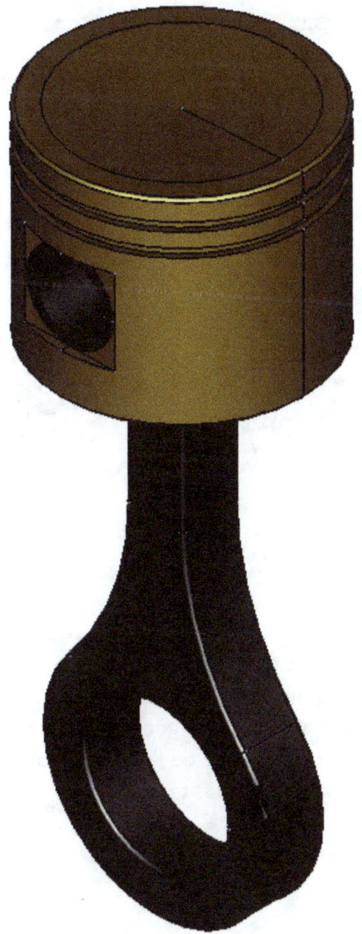

Le projet suivant porte sur une clé à molette. Ne manquez pas la prochaine section, qui contiendra d'autres projets de conception plus complexes, tels qu'un roulement à billes.

7 Projet n° 6 : Clé à molette (clé plate)

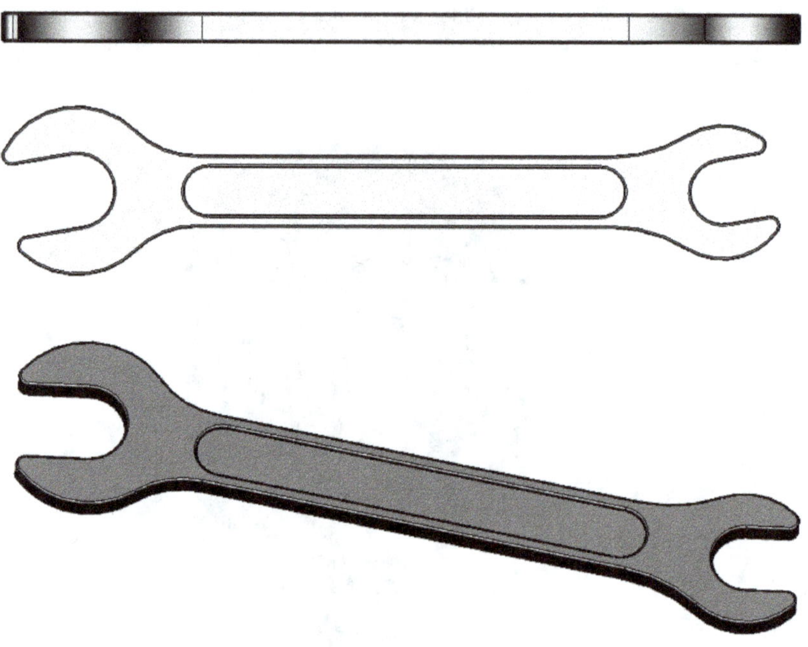

Quelle est la meilleure façon de concevoir cette clé à molette ? Si nous regardons de plus près la géométrie de la clé à molette, certains d'entre vous comprendront peut-être déjà qu'il est judicieux de commencer par une géométrie circulaire dans les parties gauche et droite et de construire la partie centrale de la clé à molette avec des arcs et des lignes de jonction. Les autres détails viendront plus tard.

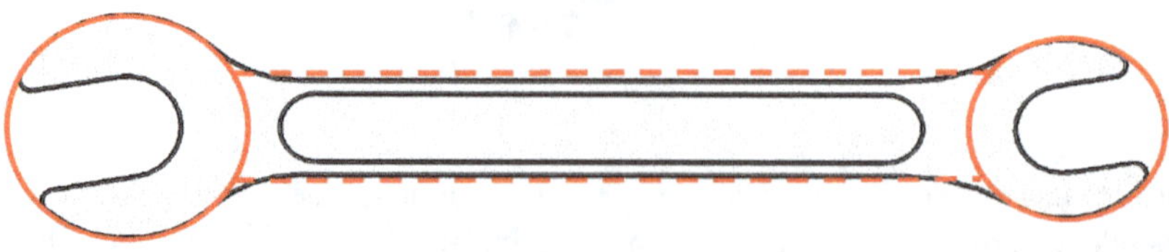

Esquissons donc d'abord deux cercles sur le plan x-y. Le cercle de gauche doit avoir un diamètre de 35 mm et le cercle de droite un diamètre de 28 mm. Nous donnons au cercle de gauche une distance de 67 mm par rapport à l'origine et au cercle de droite une distance de 65 mm. Veillez à ce que les centres des cercles soient tous situés sur l'axe rouge horizontal.

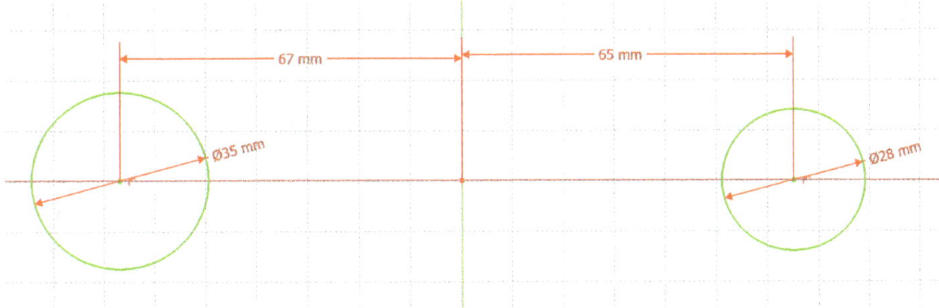

Nous allons maintenant créer la zone centrale. Pour ce faire, nous commençons par tracer deux lignes de 85 mm de long, espacées de 7,5 mm (verticalement) et de 42,5 mm (horizontalement) par rapport à l'origine des coordonnées.

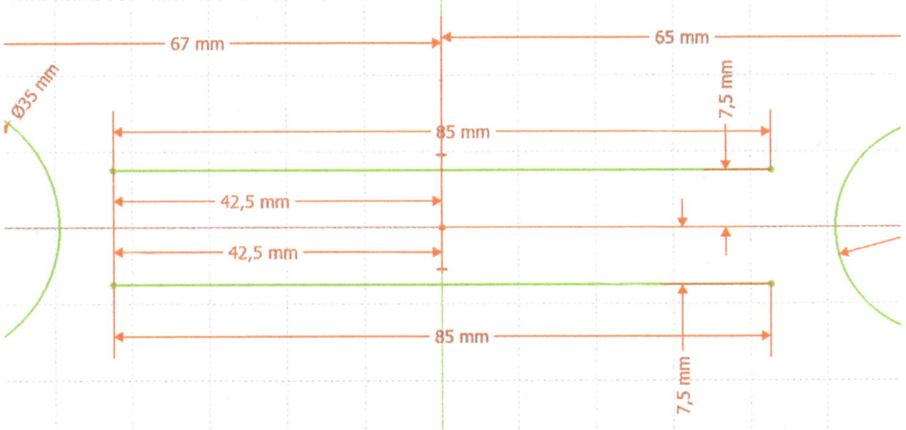

Nous dessinons ensuite deux arcs dans la zone de transition gauche ("End points and rim point"), dont les points de départ et d'arrivée doivent être situés respectivement sur le cercle et sur les points d'extrémité des lignes horizontales. Comme pour le mousqueton, nous remplaçons les contraintes existantes sur les sommets par des contraintes tangentielles ("Constrain tangent").

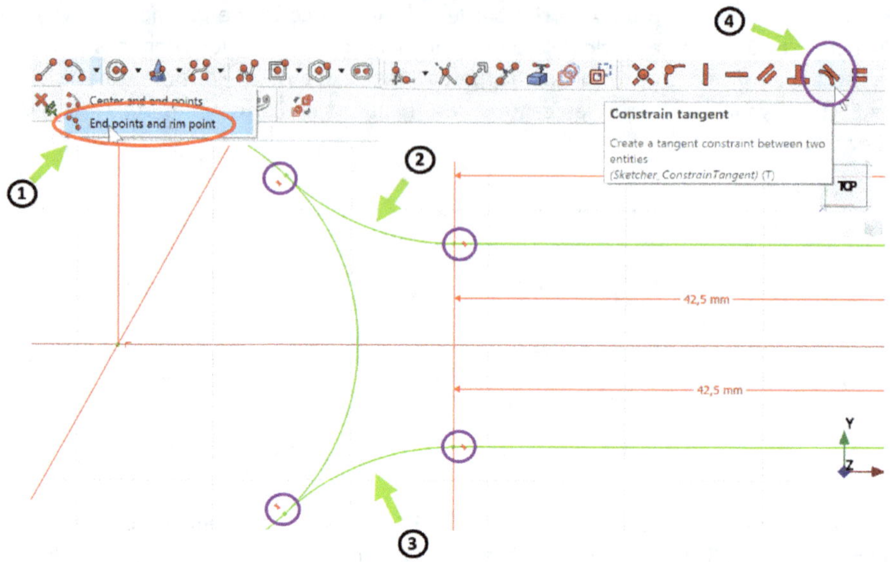

Nous faisons de même dans la zone de transition du côté droit.

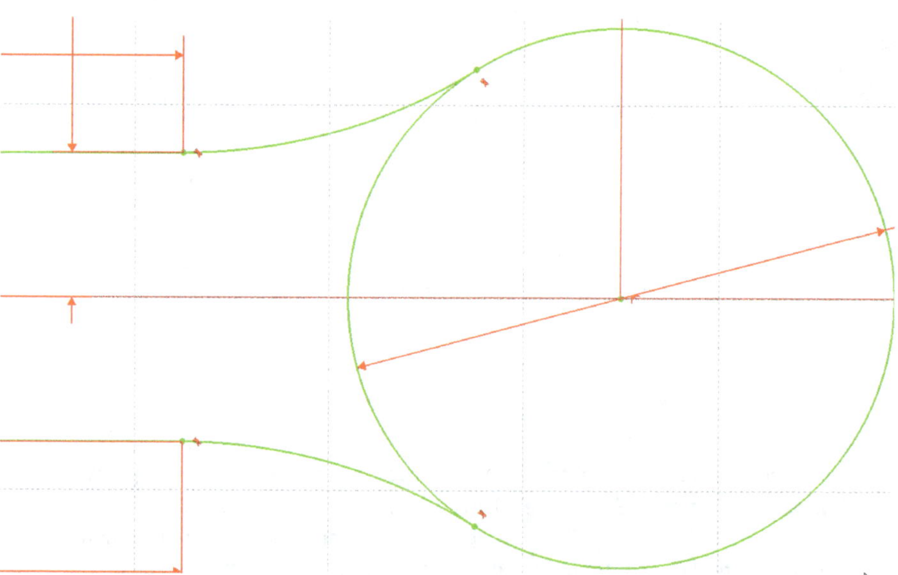

Nous pouvons ensuite supprimer les segments d'arc excédentaires des deux cercles avec l'outil "Trim edge".

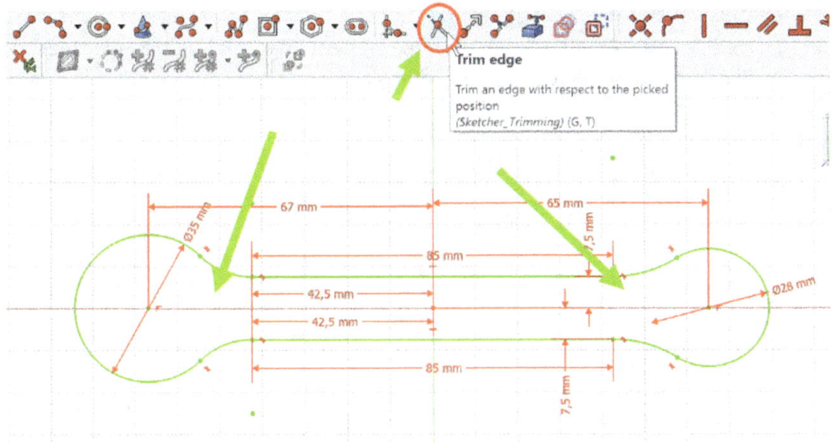

Nous allons maintenant nous intéresser aux deux découpes qui permettent à la clé de fonctionner. Nous souhaitons les intégrer directement dans l'esquisse afin de nous épargner une ou plusieurs étapes de travail. Commençons par la zone de gauche. Cette géométrie est également facile à esquisser à l'aide d'un cercle que nous plaçons au centre et que nous ne coterons pas pour l'instant.

Nous ajoutons ensuite une ligne qui doit partir du cercle extérieur et être tangente au cercle intérieur que nous venons de dessiner. Veillez à ce que la relation tangentielle, reconnaissable au petit symbole, soit créée. Sinon, il suffit de l'ajouter manuellement. Nous avons également besoin d'une telle ligne dans la zone inférieure. Les deux lignes sont ensuite mises en parallèle.

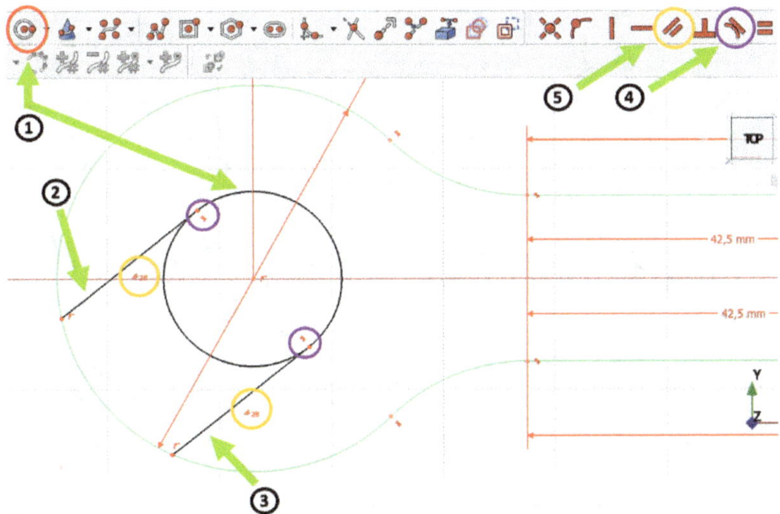

Nous mesurons maintenant la distance entre ces deux lignes à 15 mm. Pour ce faire, nous sélectionnons d'abord les deux extrémités des lignes (en maintenant la touche CTRL enfoncée), puis nous utilisons la commande "Constrain distance". Nous obtenons ainsi une clé de 15 sur cette page. Pour une utilisation réelle, il est important d'utiliser les mesures ou tolérances d'un tableur ou d'Internet, car il doit y avoir un peu d'espace entre la tête de vis et la clé.

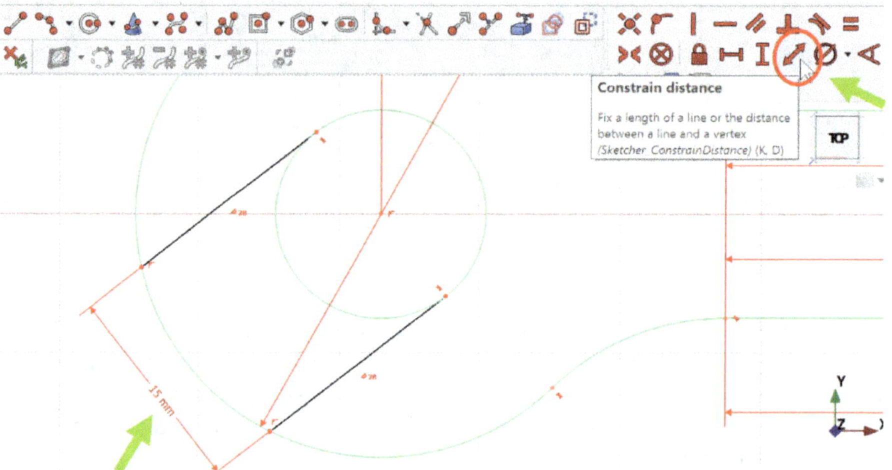

En utilisant la commande "Trim edge", nous supprimons le segment d'arc superflu dans la zone intérieure.

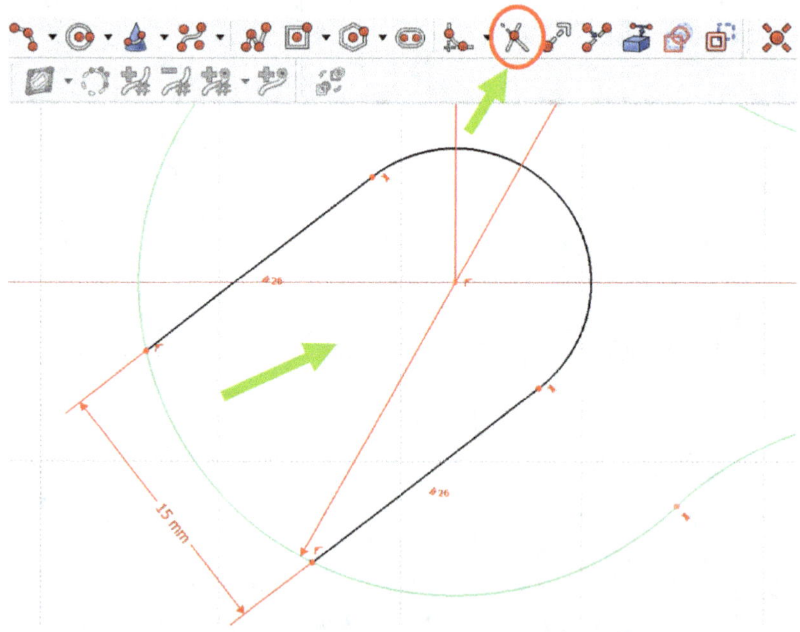

Pour définir complètement l'esquisse, nous ajoutons un angle de 10° entre la ligne supérieure et la ligne horizontale rouge (axe x) avec la commande "Constrain angle". L'esquisse est alors à nouveau complètement définie. Enfin, nous supprimons le deuxième segment d'arc superflu du cercle extérieur et obtenons notre ouverture.

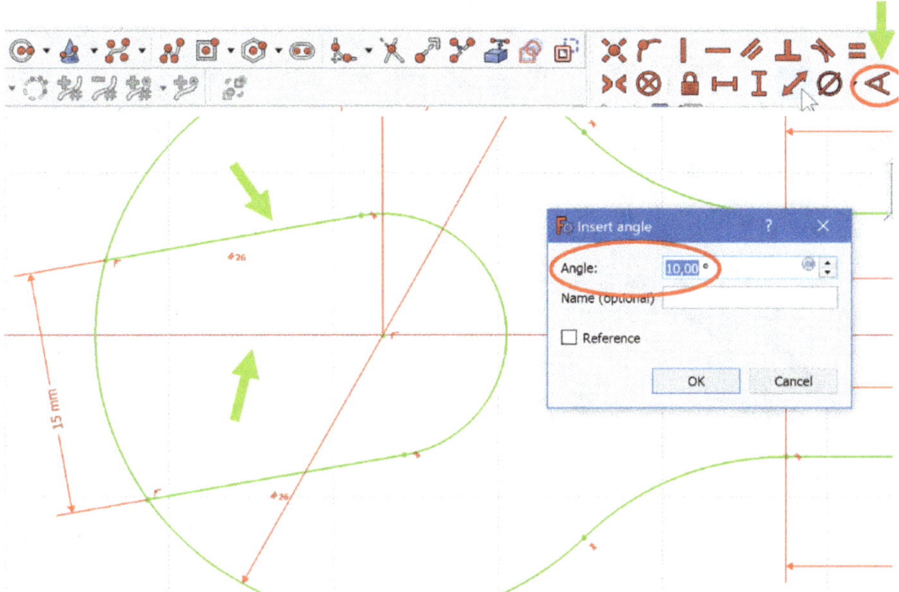

Cette opération semble avoir entraîné la perte d'une contrainte, car l'esquisse redevient noire dans la partie inférieure. Nous ajoutons une contrainte verticale ("Constrain vertically") entre les deux points des arcs tangentiels.

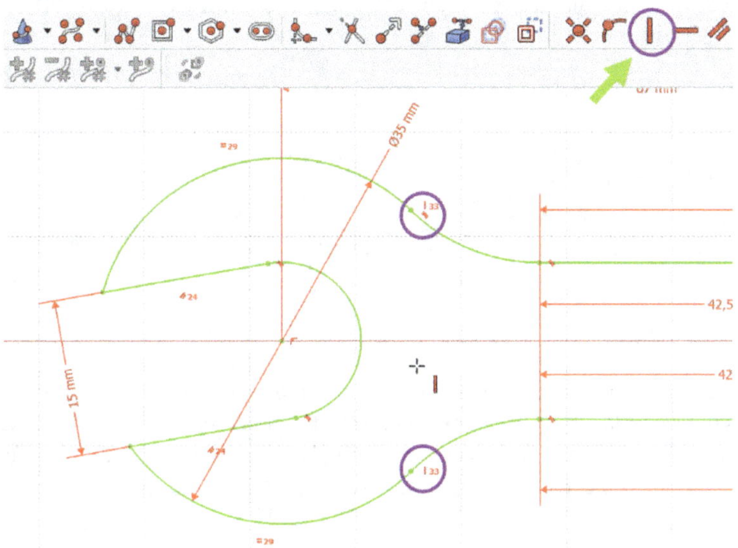

Nous faisons la même chose de l'autre côté, seules les dimensions sont différentes, nous voulons ici une clé de 13. N'hésitez pas à essayer par vous-même ! Si vous êtes bloqué à un moment donné, vous pouvez vous inspirer de la procédure de la page précédente.

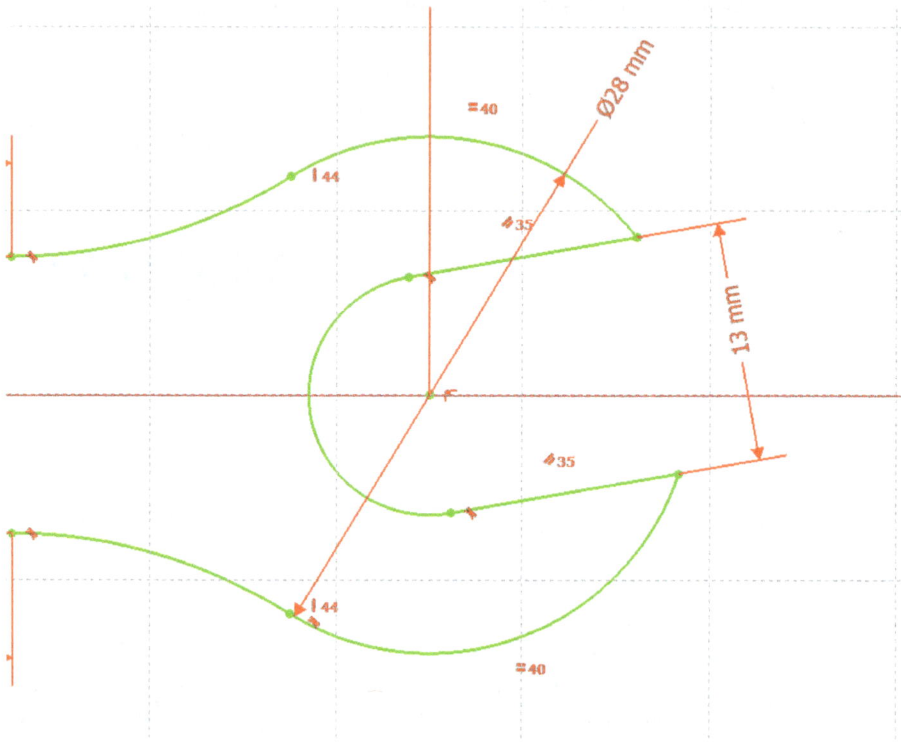

Parfait ! Le profil est maintenant terminé et nous pouvons fermer l'esquisse 2D.

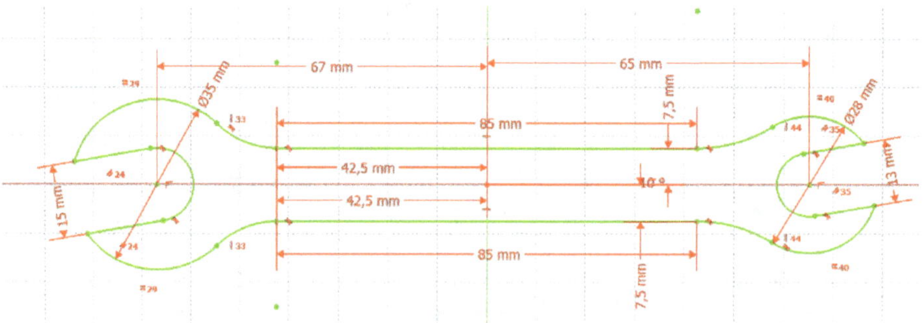

Nous extrudons maintenant simplement le profil sur 6 mm. Dans ce cas, nous extrudons 3 mm dans une direction, c'est-à-dire que nous sélectionnons l'option "Two dimensions" dans le paramètre "Type". Nous faisons cela pour que le plan x-y du corps 3D soit exactement centré à l'intérieur du corps. Nous verrons plus loin pourquoi nous en avons besoin.

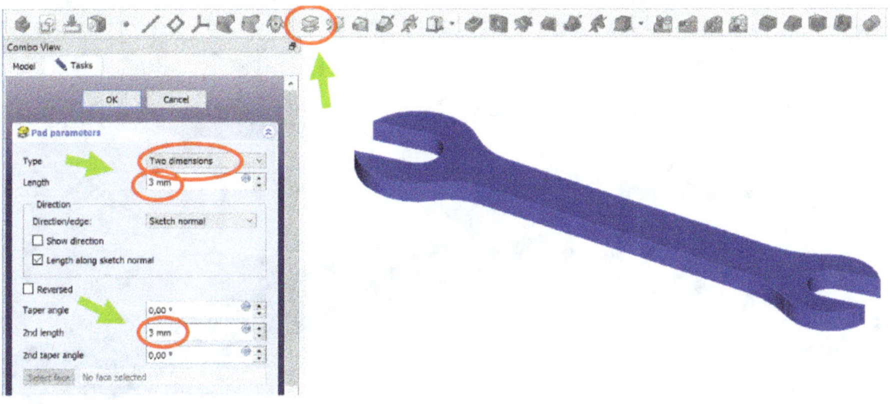

Nous souhaitons maintenant créer un creux ou un gaufrage dans la zone centrale. Pour cela, nous esquissons une rainure sur la face supérieure ou inférieure du modèle 3D à l'aide de la commande "Create a Slot". Pour une meilleure visibilité, nous masquons le corps 3D.

La longueur du trou oblong doit être de 80 mm et sa largeur de 10 mm. De plus, l'un des deux points de la rainure doit être situé sur la ligne horizontale rouge (axe x) et coté à 40 mm de l'origine des coordonnées afin que la rainure soit centrée.

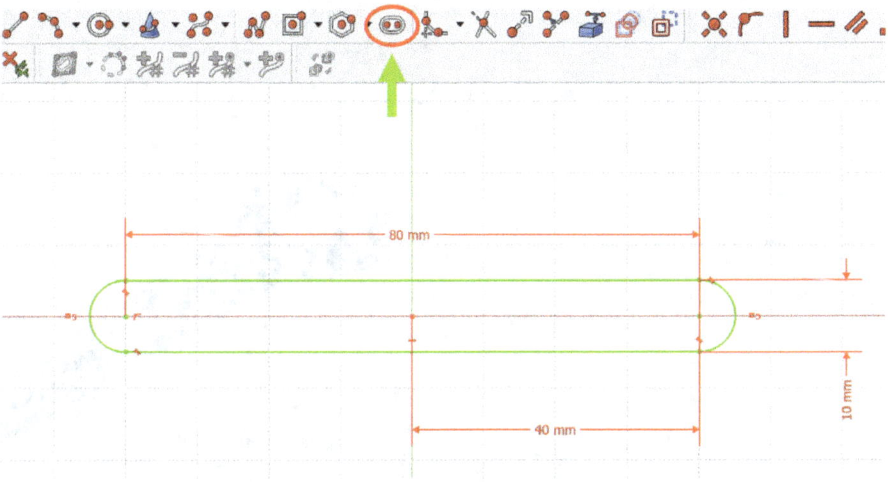

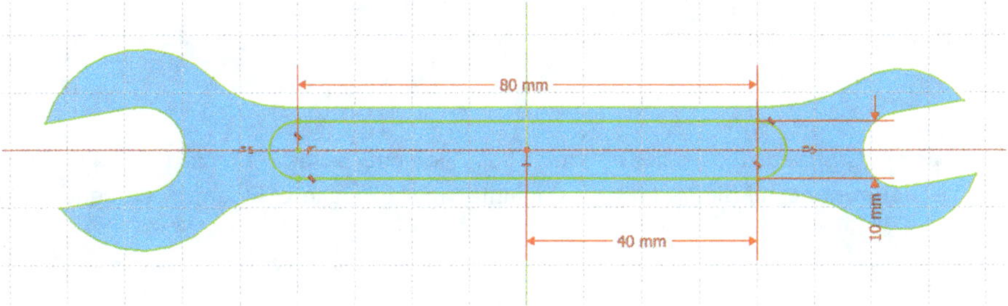

Après avoir fermé l'esquisse, nous créons ensuite un gaufrage de 1 mm de profondeur avec la commande "Pocket".

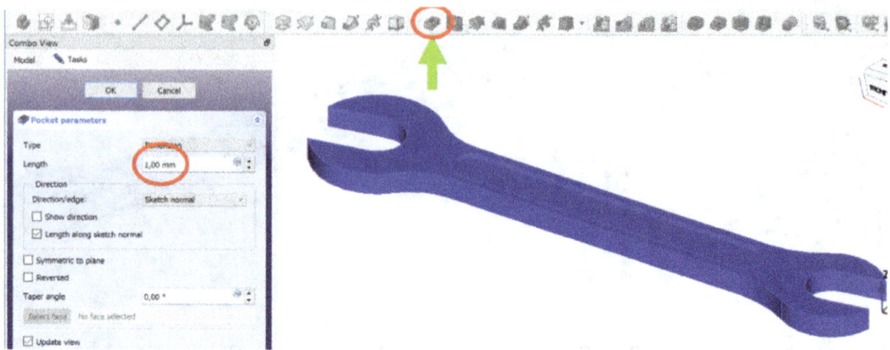

Comme nous avons construit le composant symétriquement par rapport au plan x-y, nous pouvons maintenant facilement refléter ce creux de l'autre côté à l'aide de la commande "Mirrored". Nous sélectionnons la cavité ("Pocket") dans l'arborescence et cliquons sur la commande "Mirrored" dans la barre d'outils. Dans les paramètres, nous sélectionnons ensuite le plan x-y ("Base XY plane") pour le plan miroir ("Plane"). Nous avons également effectué une extrusion dans deux directions.

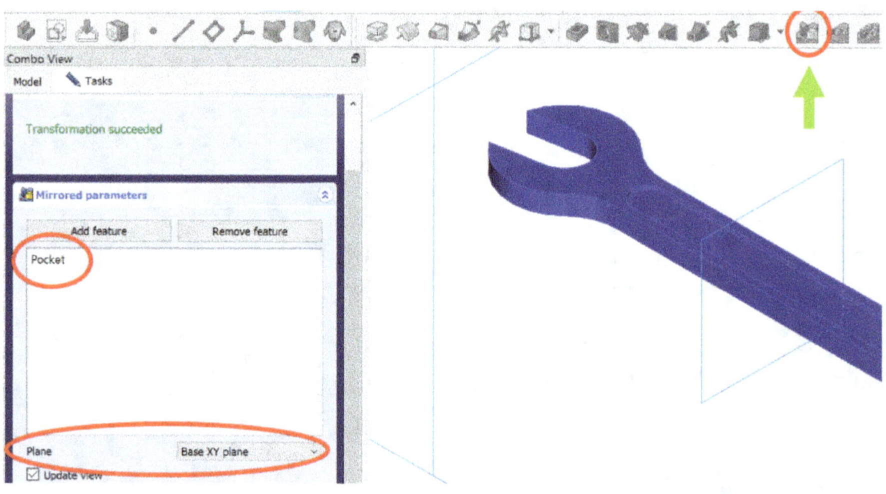

Nous arrondissons ensuite les quatre arêtes des logements de la clé à molette à 2 mm. Vous pouvez sélectionner plusieurs arêtes en maintenant la touche CTRL enfoncée pendant la sélection.

Enfin, nous arrondissons tous les bords de la surface supérieure et inférieure avec un rayon de 1 mm. Il est préférable d'effectuer cette opération en deux étapes distinctes.

Bien sûr, nous pouvons encore modifier l'apparence. Par exemple, nous pouvons choisir le matériau acier. L'outil prend alors une couleur métallique.

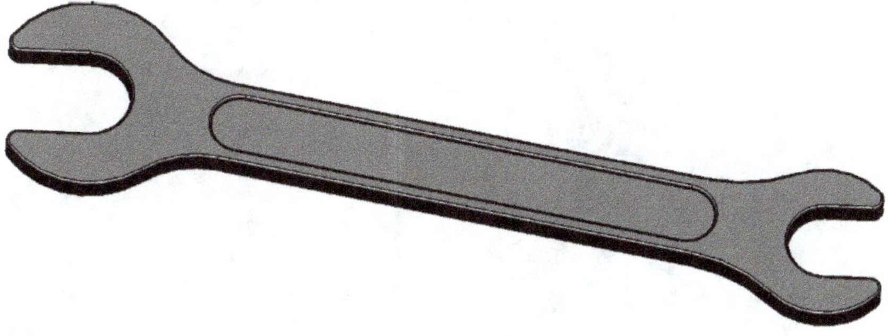

Excellent ! La clé à molette serait maintenant prête à l'emploi. J'espère que vous l'avez apprécié jusqu'à présent. Mais ce n'est pas encore la fin. Nous allons maintenant passer à des projets de construction plus complexes. Continuons !

8 Projet n° 7 : Roulements à billes

Bon retour parmi nous ! Le prochain projet de conception sera un roulement à billes. Plus précisément, un roulement à billes à gorge profonde à une rangée, qui est l'un des roulements à billes les plus connus et les plus utilisés.

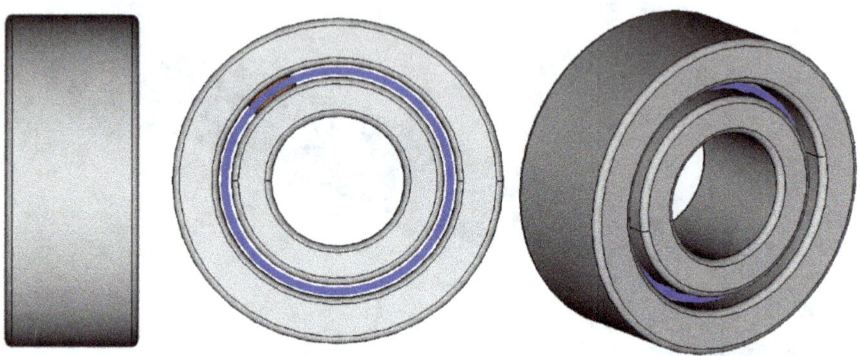

Le roulement à billes est composé de quatre éléments. Nous allons les créer l'un après l'autre. Nous avons besoin d'une bague extérieure, d'une bague intérieure, de billes et d'une cage à billes. Ce que l'on appelle la cage à billes permet de s'assurer que les billes restent dans la bonne position.

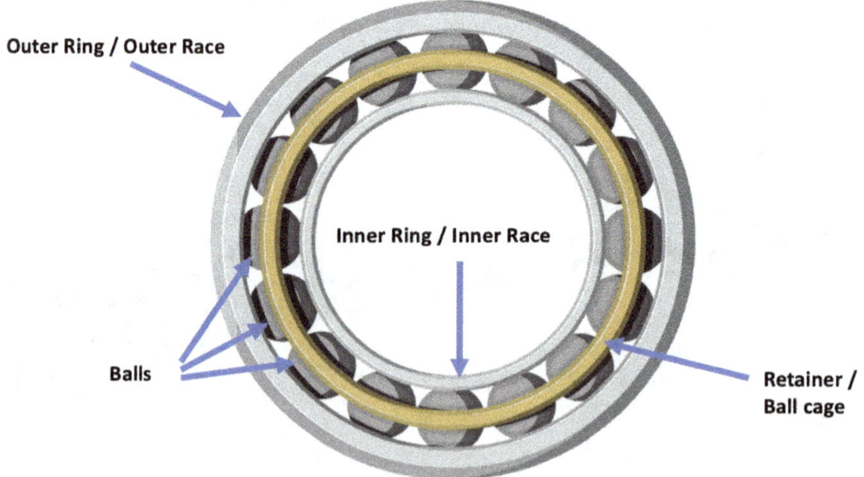

Nous commençons par le premier composant, la bague extérieure du roulement à billes, que nous allons créer à l'aide d'une rotation. Pour cela, nous avons besoin d'une esquisse 2D, par exemple sur le plan x-y. Nous dessinons un rectangle de 20 mm de large et 7 mm de haut au-dessus de l'axe x pour la section transversale de la bague extérieure. Pour ce faire, utilisez de préférence la commande "Centered rectangle" afin de pouvoir placer le centre du rectangle sur l'axe vertical vert de l'esquisse. Enfin, nous ajoutons une dimension de 25 mm entre le bord supérieur et l'origine des coordonnées.

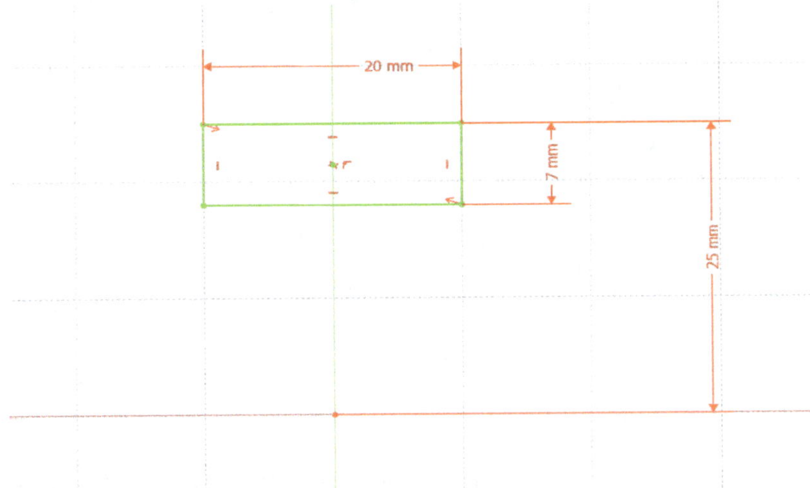

Ensuite, nous devons créer le chemin de roulement pour les billes. Pour ce faire, nous utilisons un cercle, que nous plaçons comme indiqué et dont le diamètre est de 8 mm. Nous mesurons la distance entre le centre du cercle et le bord supérieur du rectangle à 7,8 mm.

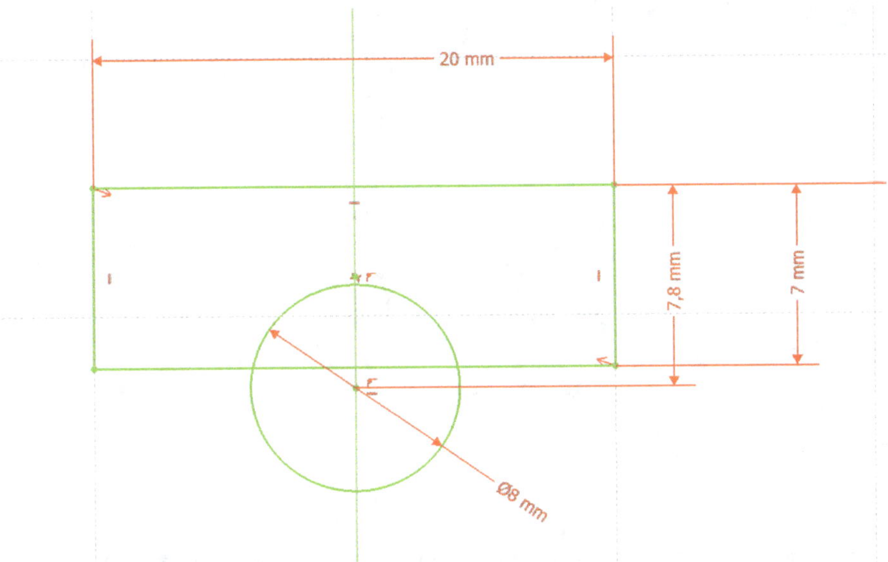

Nous supprimons ensuite deux sections de profil superflues avec la commande "Trim edge". Si cela fait perdre la définition complète de l'esquisse, vous pouvez y remédier en rendant identiques les deux lignes latérales du rectangle avec la commande "Constrain equal".

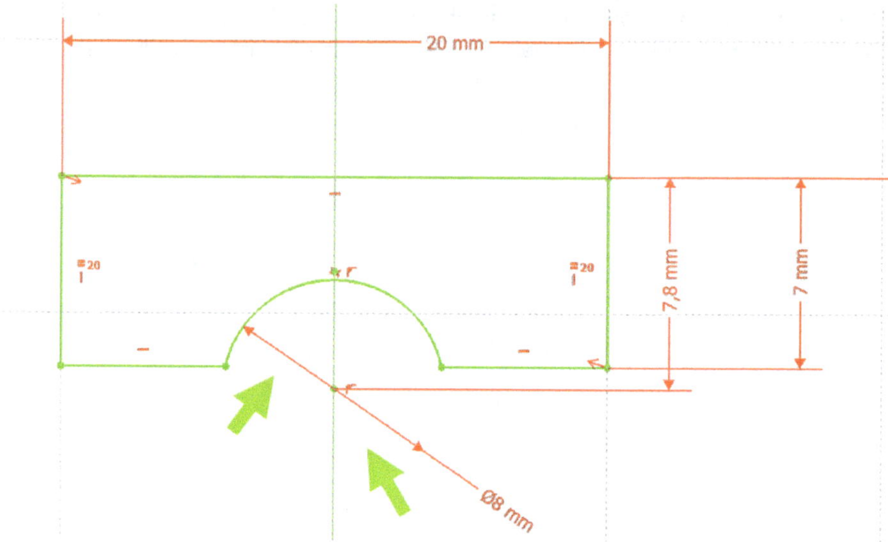

La dernière étape consiste à réaliser des congés sur les arêtes de la pièce. Pour cela, nous créons des congés de 1 mm de rayon avec la commande "Constraint-preserving sketch fillet".

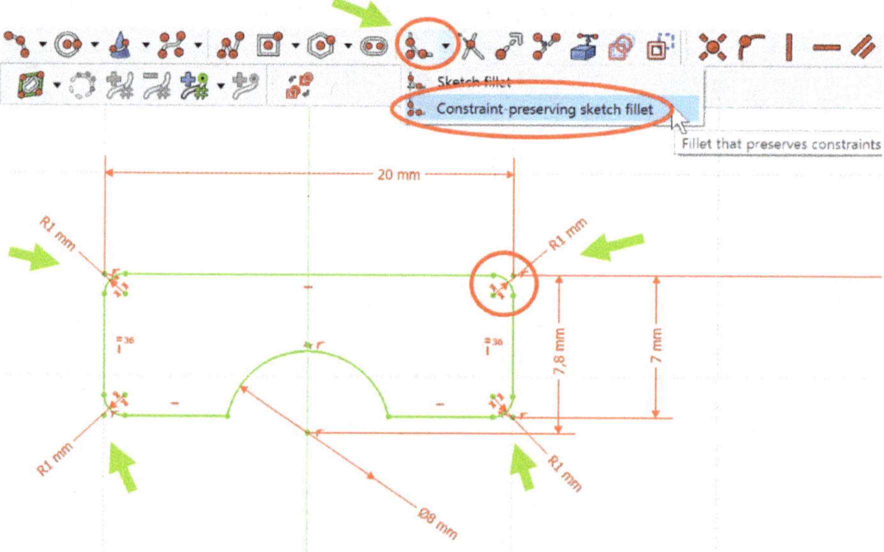

Le profil de section de l'anneau extérieur est alors prêt et peut être pivoté avec la commande "Revolution" après avoir terminé l'esquisse. Pour que l'application de la commande fonctionne, nous devons sélectionner l'axe x comme axe de rotation dans les paramètres.

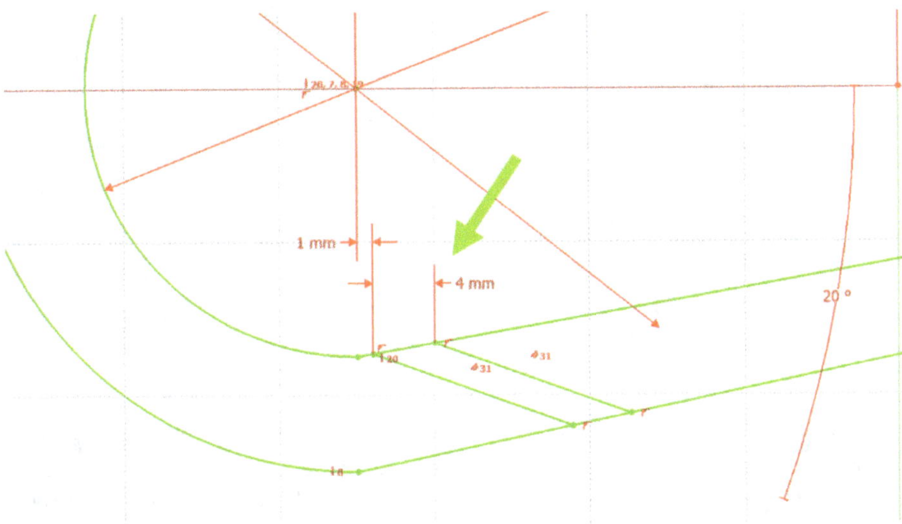

Pour la deuxième partie du roulement à billes, qui doit être la bague intérieure, nous devons créer un nouveau document, car il s'agit d'un composant indépendant. Nous enregistrons donc la bague extérieure du roulement à billes et fermons le document. Avant cela, nous pouvons bien sûr modifier l'apparence du composant, si nous le souhaitons. Nous pouvons par exemple le colorer en argent.

Sur le plan x-y du nouveau document, nous esquisserons également une géométrie de section transversale, comme dans la partie précédente, que nous transformerons ensuite en pièce 3D avec "Revolution". Nous commençons par un rectangle de 20 mm de large et 6 mm de haut. La distance verticale entre l'origine et le bord inférieur du rectangle est de 16 mm.

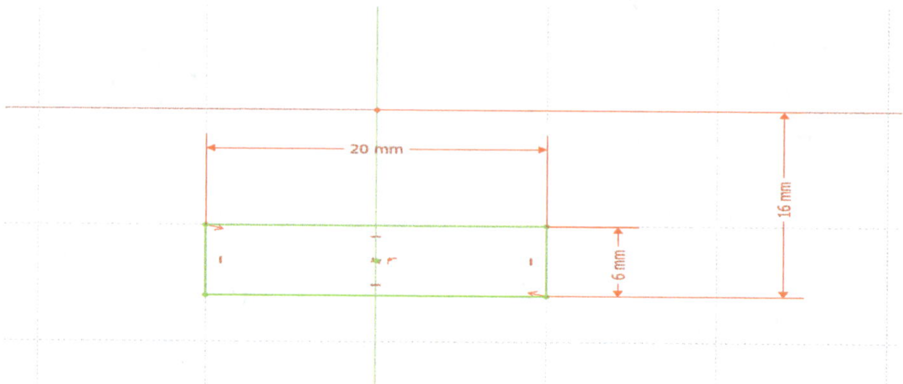

Ensuite, nous esquissons ici aussi une trajectoire pour les billes. Nous procédons de la même manière que pour l'anneau extérieur. Le diamètre du cercle doit être identique à celui de l'anneau extérieur (8 mm). Une distance de 6,8 mm entre le centre du cercle et le bord supérieur du rectangle permet de s'assurer que les deux chemins de roulement sont concentriques.

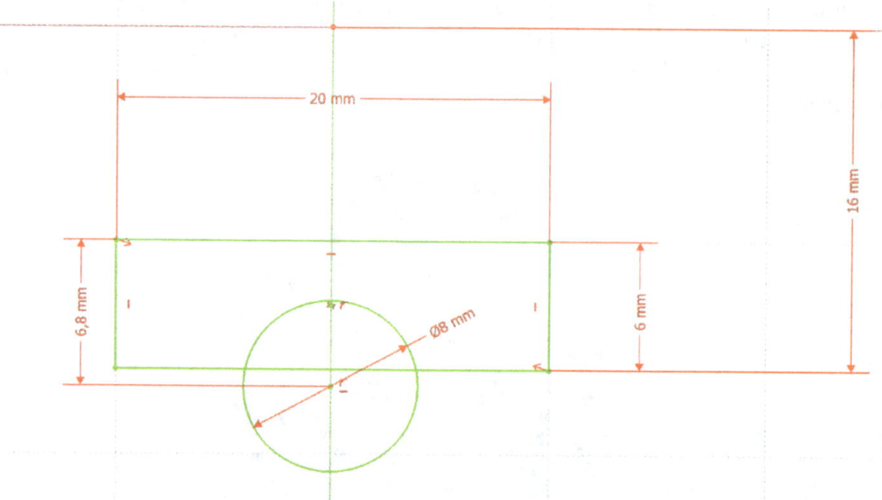

Dans les deux dernières étapes de l'esquisse 2D, nous supprimons à nouveau les sections de profil superflues et créons des congés de 1 mm pour les quatre coins. Ajoutez également toutes les contraintes nécessaires à la définition complète de l'esquisse. La procédure est identique à celle de l'anneau extérieur.

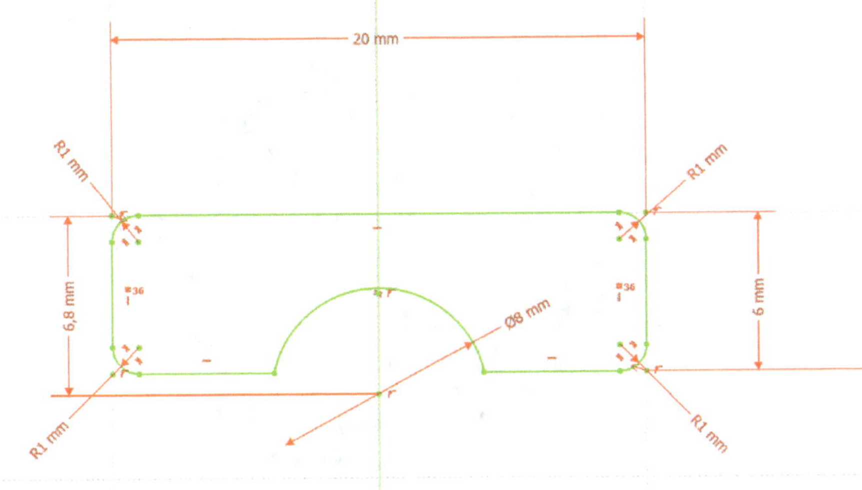

Après avoir fermé l'esquisse, nous pouvons alors effectuer une rotation de 360 degrés autour de l'axe des x.

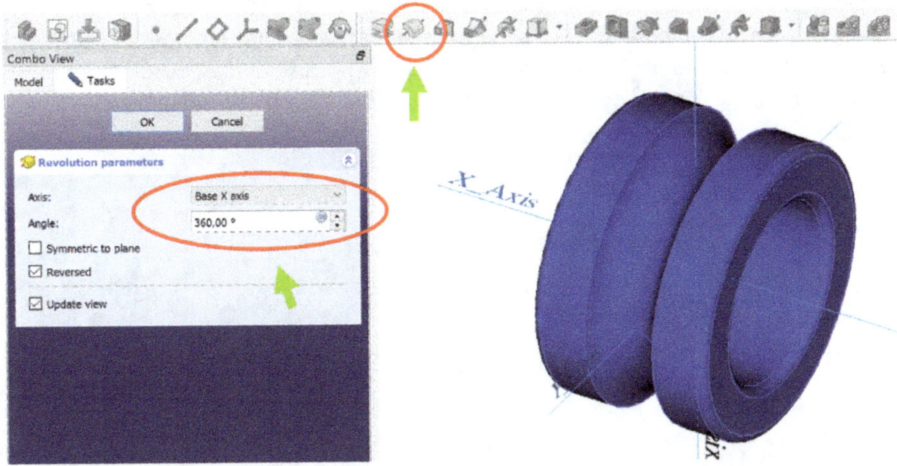

Nous pouvons alors - si nous le souhaitons - modifier l'apparence de la pièce, l'enregistrer puis la fermer.

Pour la pièce suivante, la cage à billes, nous créons à nouveau un nouveau document, un nouveau corps et une esquisse, par exemple sur le plan y-z. Nous faisons cela car cette pièce est également un composant à part entière. Cependant, nous ne créerons pas cette pièce par une rotation, mais par une extrusion. Pour cela, il nous suffit d'esquisser deux cercles, chacun partant de l'origine des coordonnées et ayant un diamètre de 33 mm et 35 mm.

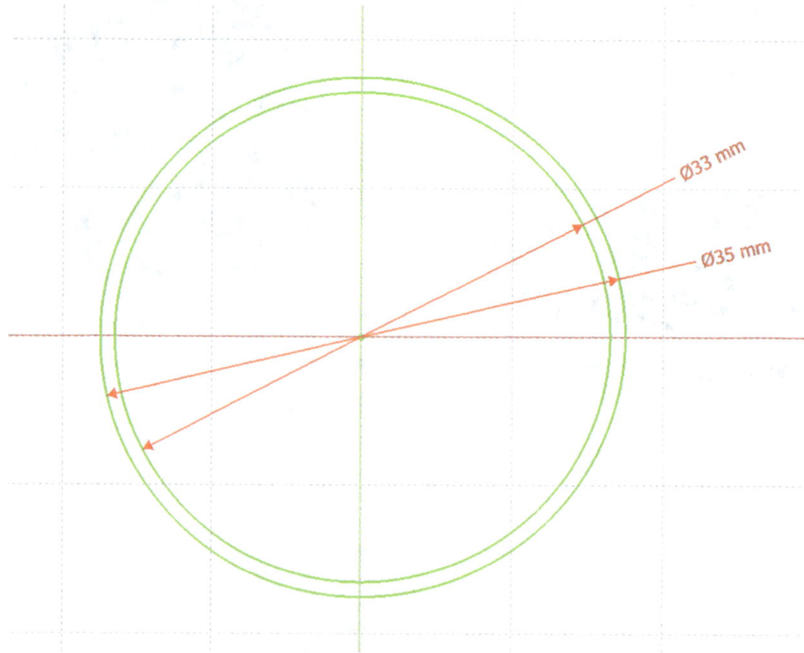

Nous pouvons alors fermer l'esquisse et réaliser une extrusion symétrique (commande "Pad" et réglage "Two dimensions") de 6 mm de longueur dans chaque direction.

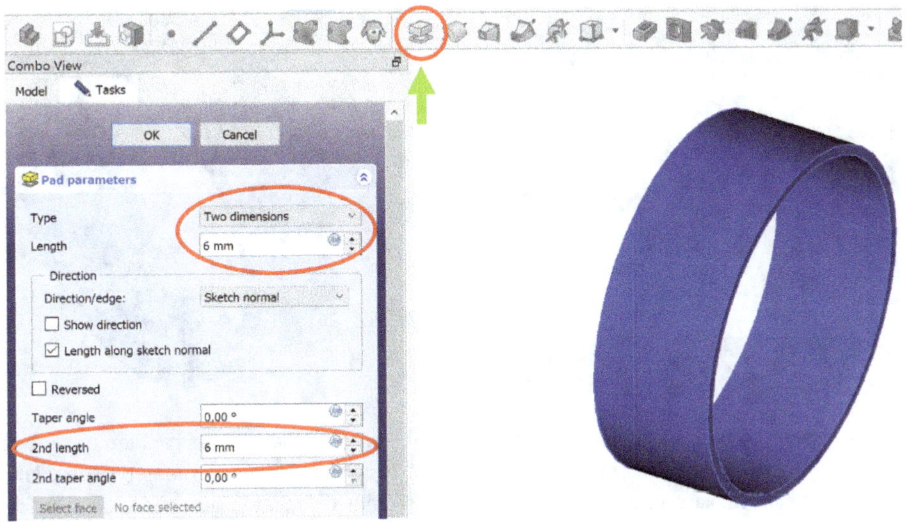

Nous devons maintenant ajouter des trous dans lesquels les billes seront placées plus tard. Pour cela, il suffit de créer une découpe circulaire qui traversera le corps à partir du plan x-y vers le haut. Pour ce faire, nous dessinons un cercle de 7,8 mm de diamètre dans une esquisse sur le plan x-y. Nous pouvons masquer le corps. Le centre du cercle doit se trouver au centre des coordonnées.

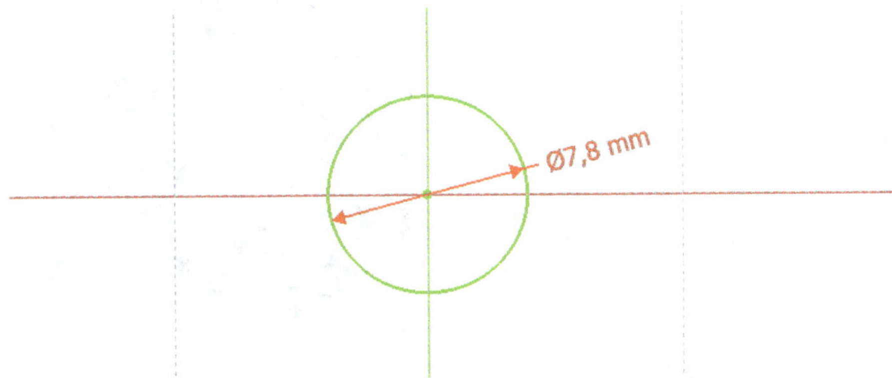

Ensuite, nous fermons l'esquisse et utilisons la commande "Pocket" ainsi que le paramètre "Up to face". Pour cela, nous cliquons sur la face externe du corps. La découpe devrait alors apparaître. Si la découpe apparaît dans la zone inférieure au lieu de la zone supérieure, nous pouvons changer cela en activant l'option "Reversed".

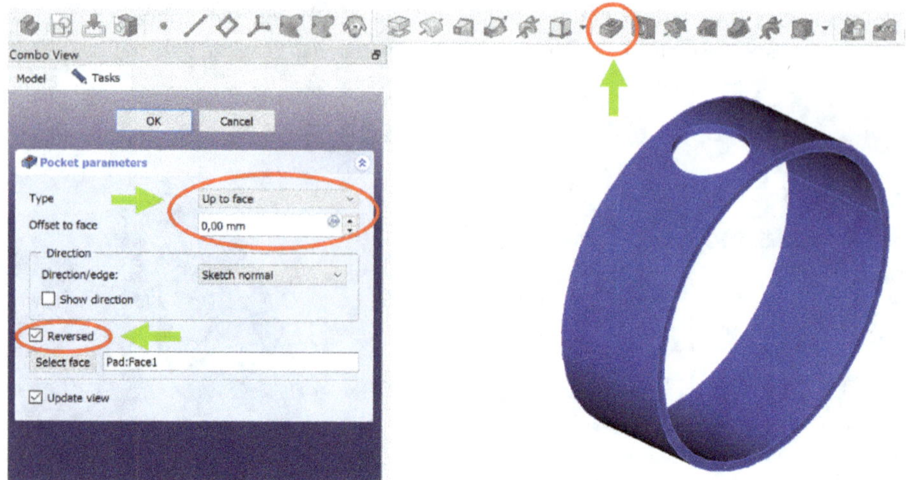

Nous avons besoin de neuf autres trous. Pour les créer facilement et rapidement, nous utilisons la fonction déjà connue "Polar Pattern". Pour cela, nous cliquons d'abord dans l'arborescence sur la section que nous venons de créer ("Pocket"), puis sur la commande "Polar Pattern". L'axe pour la création du motif doit être l'axe x ("Base X axis") et le nombre ("Occurrences") doit être 10.

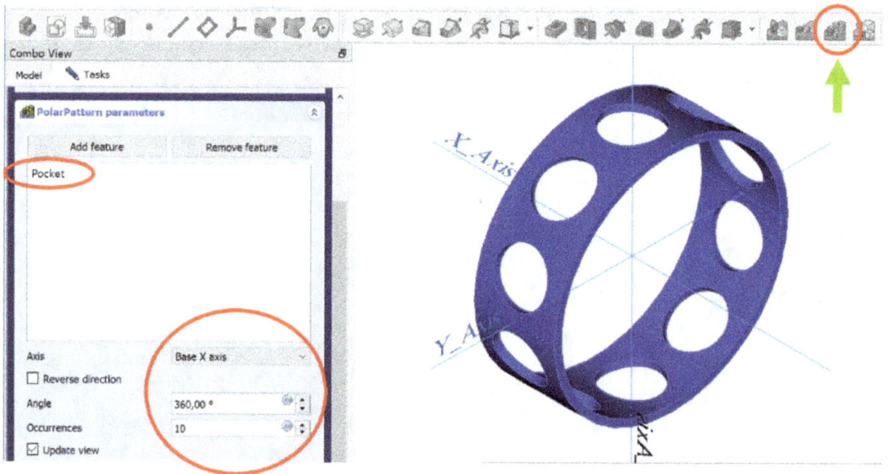

La cage à billes est alors terminée. Nous pouvons par exemple laisser la couleur telle quelle ou la modifier. Nous enregistrons le composant et fermons le document.

Avant de pouvoir associer tous les composants dans un assemblage, nous devons créer le dernier composant, la sphère. Bien que nous ayons besoin de cette sphère dix fois, nous ne devons la construire qu'une seule fois et l'insérer ensuite simplement dix fois dans l'assemblage.

Pour la sphère, nous dessinons dans un nouveau document et une esquisse sur le plan x-y un demi-cercle de 8 mm de diamètre. Le centre du demi-cercle doit se trouver sur l'origine des coordonnées. Nous avons également besoin d'une ligne de connexion dans la zone inférieure.

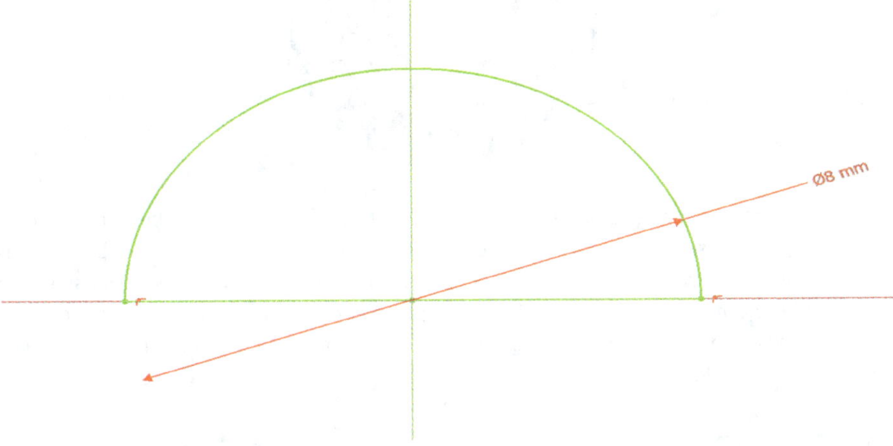

Nous pouvons ensuite faire pivoter cette esquisse autour de l'axe x de manière à obtenir une sphère.

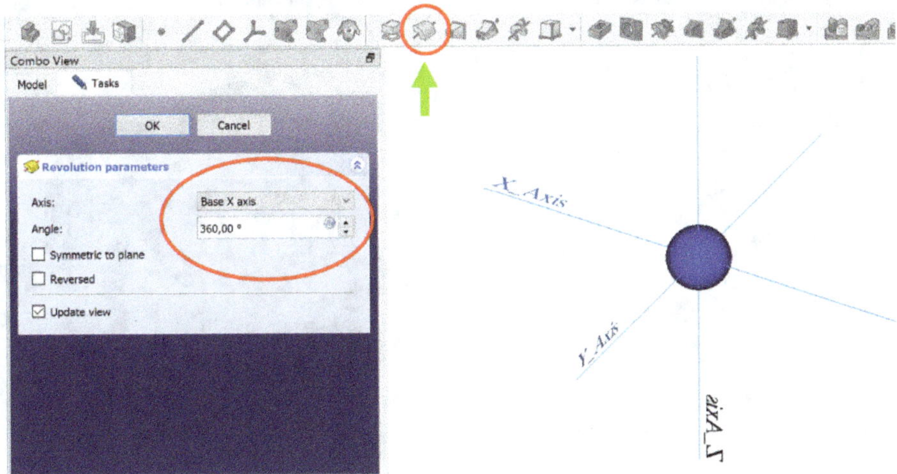

Après avoir modifié l'apparence de la sphère selon nos souhaits, nous enregistrons également ce document.

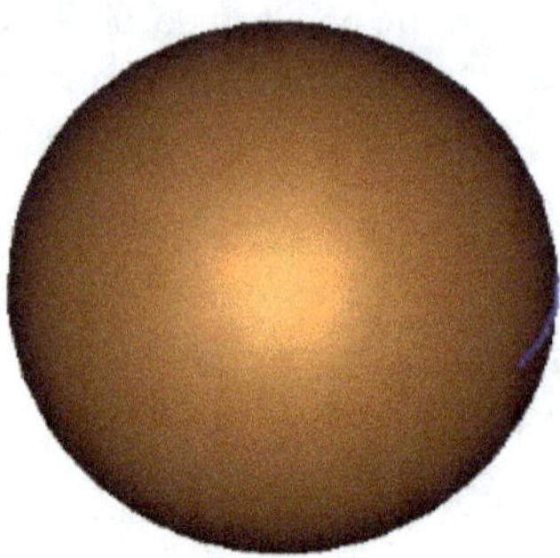

Nous avons maintenant créé toutes les pièces détachées du roulement à billes et pouvons nous attaquer à l'assemblage de ces pièces. Pour l'assemblage du roulement à billes, nous créons un nouveau document et passons à l'espace de travail "A2plus". Dans cet espace de travail, nous ajoutons - comme d'habitude - le premier composant, qui sera dans ce cas la bague intérieure du roulement à billes. Nous utilisons pour cela la commande "Add a part from an external file".

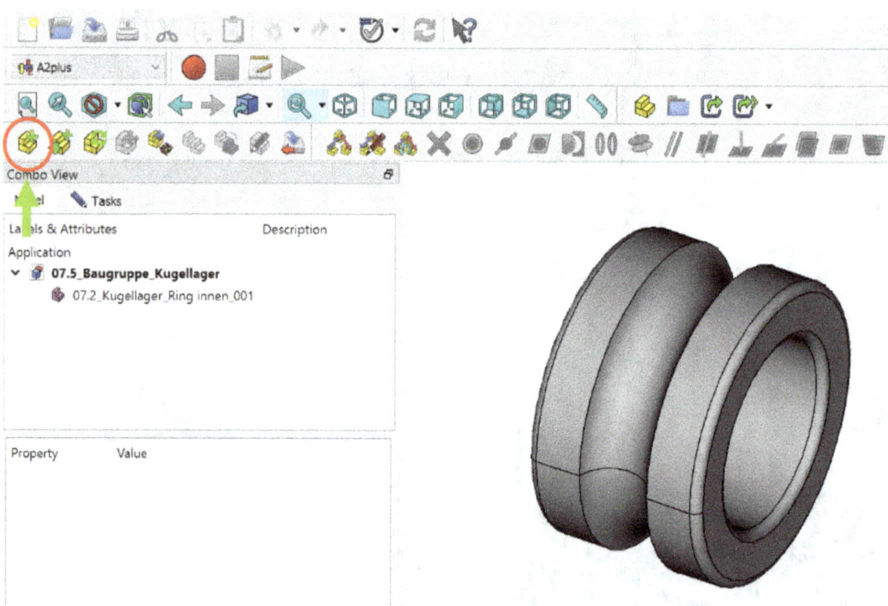

Ensuite, nous ajoutons la cage sphérique de la même manière et la plaçons n'importe où dans l'espace de travail. Pour la première contrainte entre les deux parties, nous sélectionnons les deux surfaces d'enveloppe - comme illustré - et ajoutons une contrainte concentrique avec la commande "Add axis Coincident constraint".

Pour que la cage à billes soit centrée par rapport à la bague intérieure du roulement à billes, nous sélectionnons à l'étape suivante les deux faces latérales des pièces individuelles et cliquons sur la commande "Add plane coincident constraint".

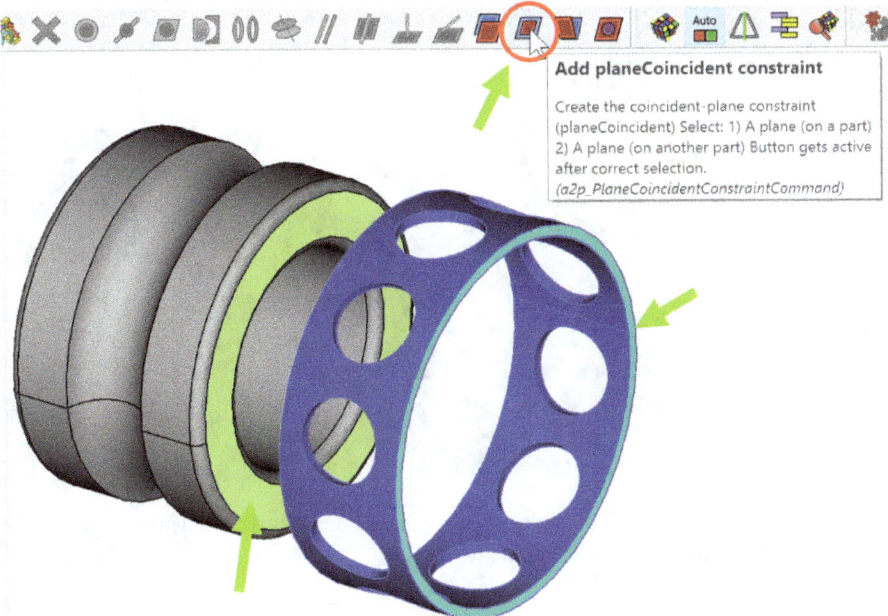

Nous avons besoin d'un décalage de -4 mm pour que la cage à billes soit centrée.

Ensuite, nous ajoutons une sphère à l'assemblage et nous l'associons à la cage à billes en sélectionnant la sphère et la surface latérale interne d'un perçage, puis en sélectionnant la commande "Add pointOnLine constraint".

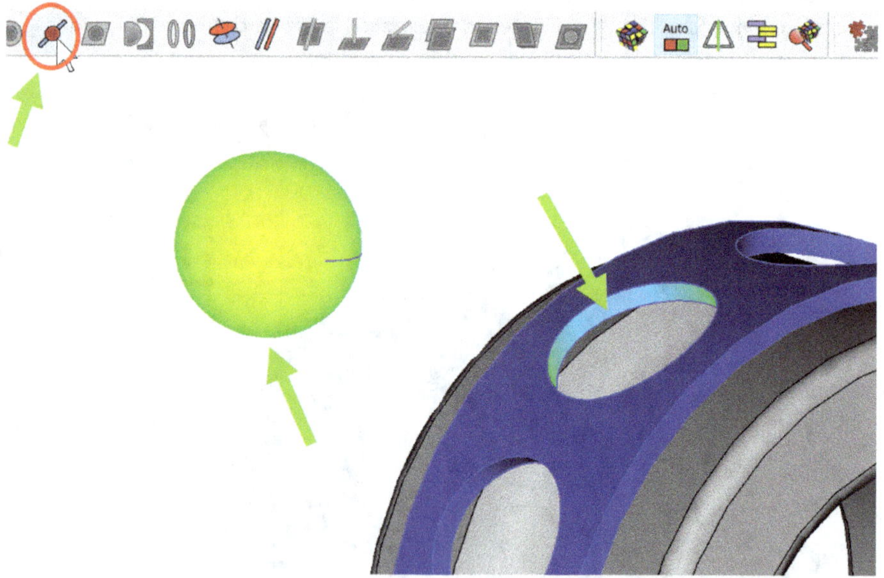

En utilisant le bouton "Move the selected part under constraints", nous pouvons ensuite déplacer la sphère dans la position souhaitée.

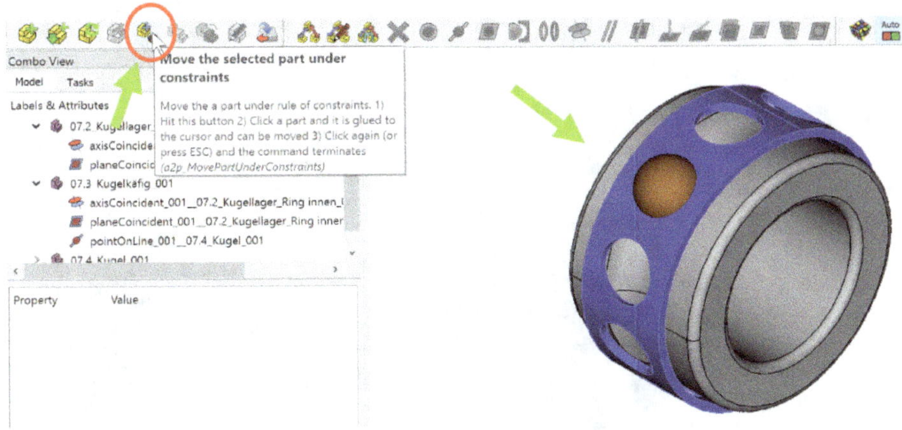

Il faudrait maintenant répéter cette opération pour les neuf autres boules. Vous pouvez le faire vous-même. Nous allons maintenant passer à la bague extérieure du roulement à billes. Nous l'ajoutons d'abord à l'assemblage.

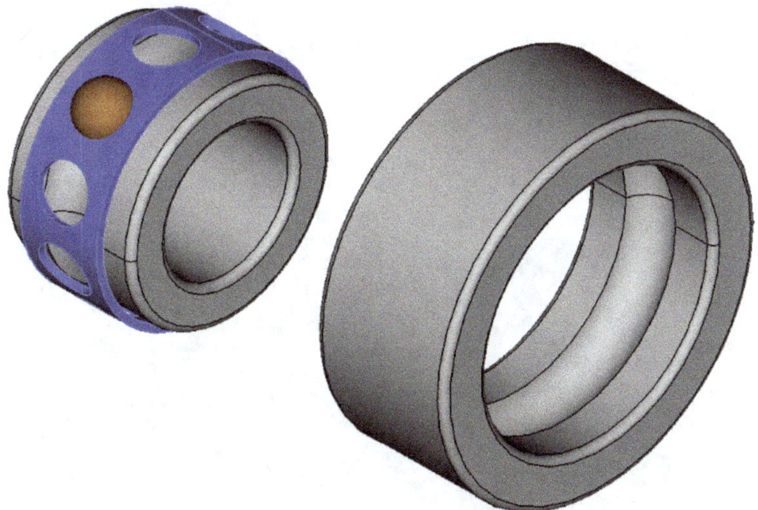

La liaison se fait maintenant de la même manière que pour la liaison entre la cage à billes et la bague intérieure du roulement à billes. La seule différence est que nous n'avons pas besoin de décalage. N'hésitez pas à faire un essai individuel. Cette procédure de mise en relation aboutit généralement au même résultat pour d'autres assemblages.

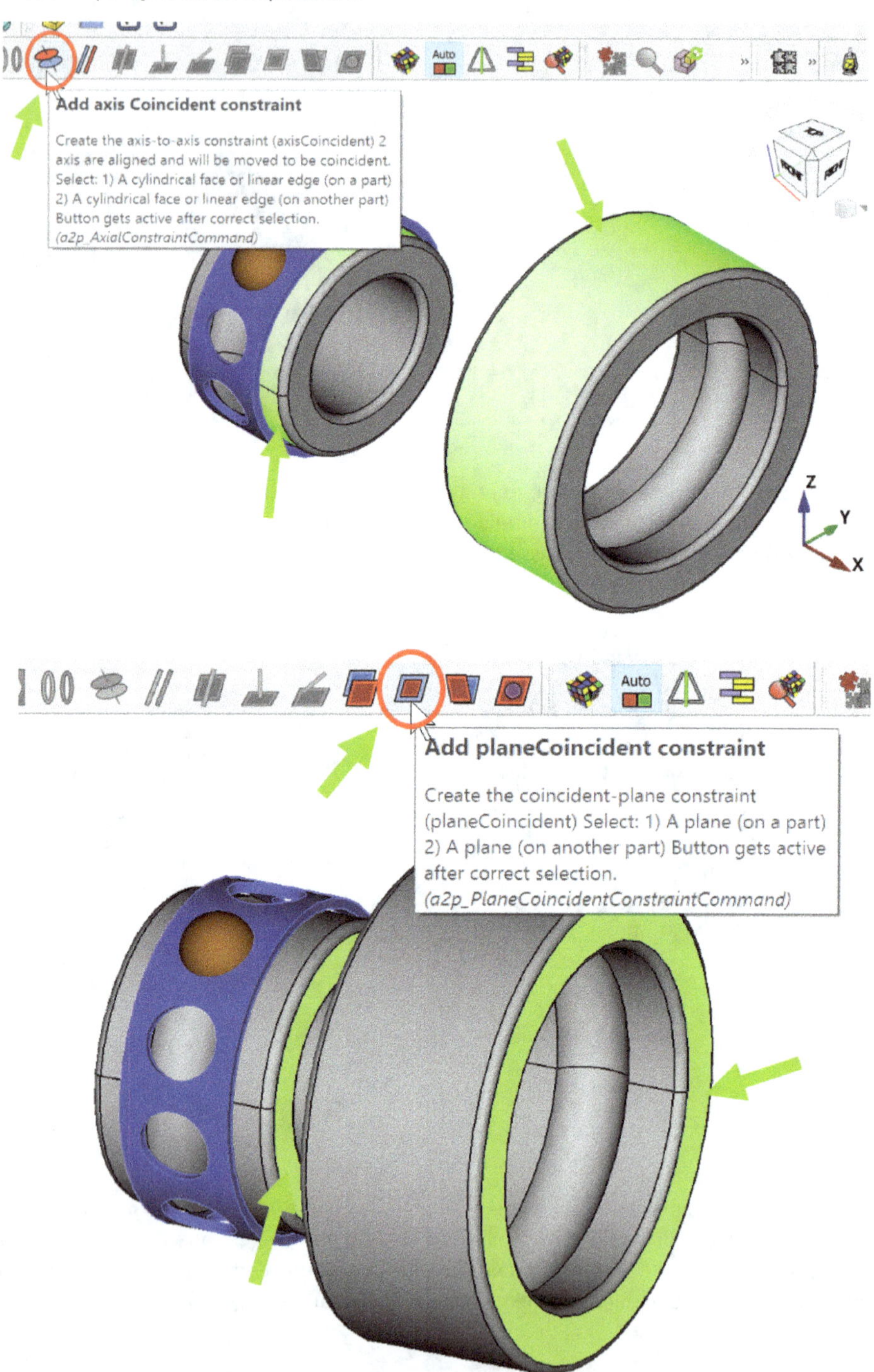
Add axis Coincident constraint
Create the axis-to-axis constraint (axisCoincident) 2
axis are aligned and will be moved to be coincident.
Select: 1) A cylindrical face or linear edge (on a part)
2) A cylindrical face or linear edge (on another part)
Button gets active after correct selection.
(a2p_AxialConstraintCommand)
Add planeCoincident constraint
Create the coincident-plane constraint
(planeCoincident) Select: 1) A plane (on a part)
2) A plane (on another part) Button gets active
after correct selection.
(a2p_PlaneCoincidentConstraintCommand)

Le prochain projet de construction sera un arrosoir, avant que nous ne construisions une télécommande. Nous avons donc encore du pain sur la planche ! La suite.

9 Projet n° 8 : Arrosoir

Passons maintenant au projet de conception suivant. Dans celui-ci, nous souhaitons concevoir un arrosoir design.

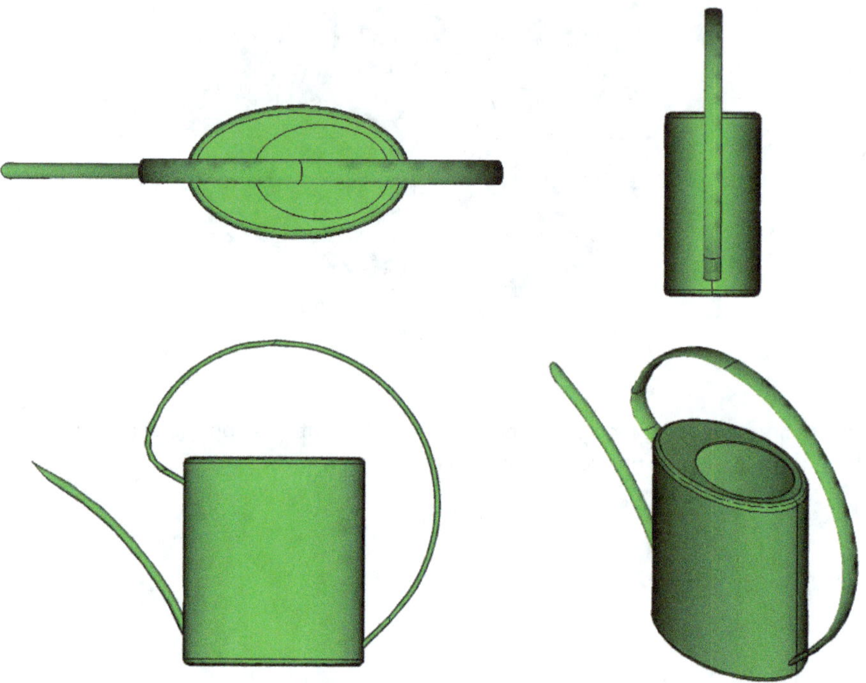

Si nous décomposons mentalement l'arrosoir terminé en ses différentes parties, nous pouvons voir que nous avons besoin d'un corps de base ovale et creux avec un creux dans la partie supérieure, ainsi que d'un col dans la partie avant et d'une poignée. Nous ajouterons ces deux derniers éléments au corps de base plus tard.

Il est toujours très utile d'imaginer des corps de base individuels et de réfléchir à la manière de les construire. Nous créons une esquisse 2D sur le plan x-y pour le corps de base ovale que nous voulons créer à l'aide d'une extrusion. Dans l'esquisse 2D, nous sélectionnons la commande "Ellipse by center, major radius, point", puis nous cliquons successivement sur l'origine des coordonnées, sur l'axe horizontal rouge (axe x) et enfin sur n'importe quel point du plan de dessin.

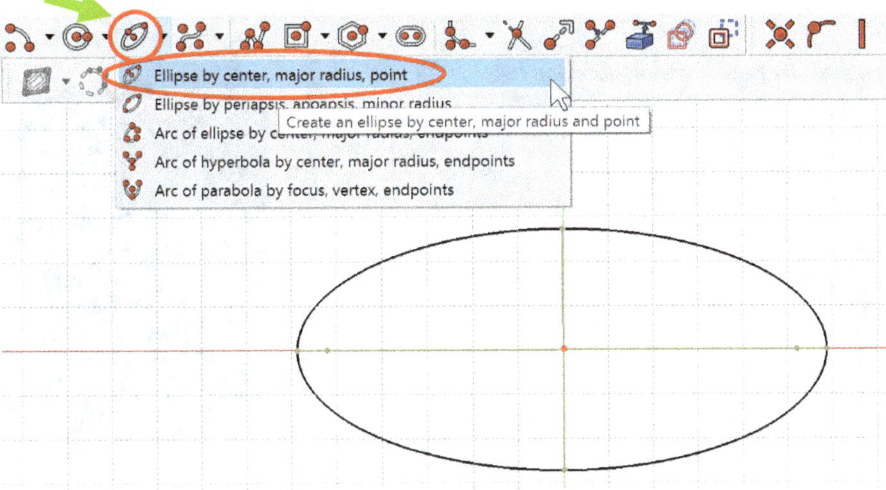

Nous avons ensuite coté la largeur de l'ellipse à 140 mm et la hauteur à 85 mm.

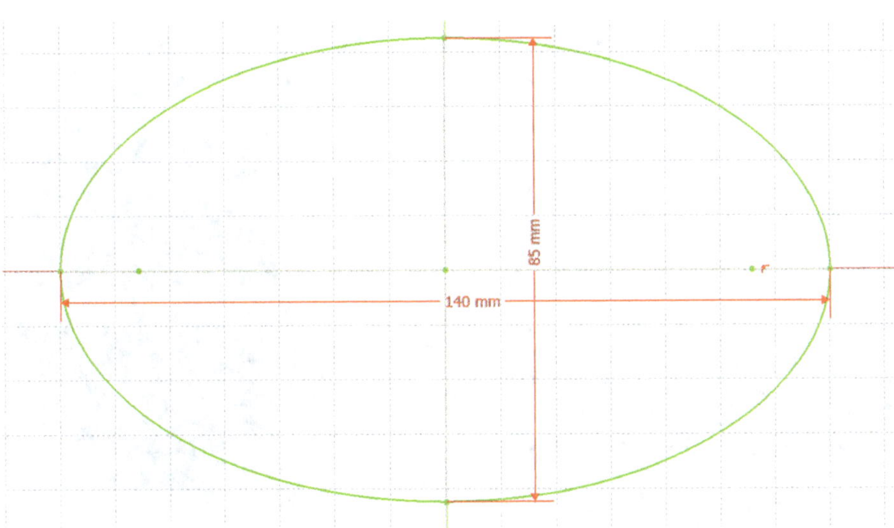

Nous pouvons maintenant terminer l'esquisse 2D. Nous utilisons maintenant la fonction "Pad" comme d'habitude pour créer le corps de base. L'arrosoir doit mesurer 160 mm de haut.

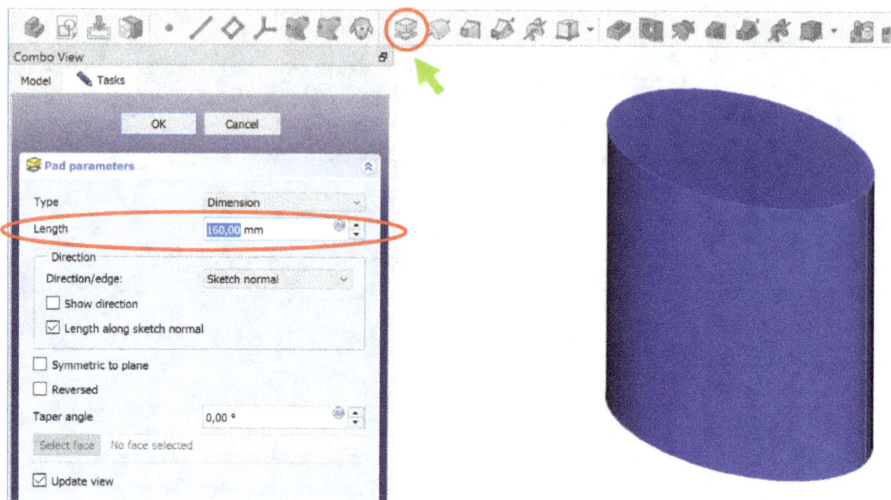

Pour pouvoir placer le col avant de l'arrosoir, l'étape suivante consiste à créer un plan parallèle au plan y-z avec une distance de 65 mm. Nous le faisons avec la commande "Create a datum plane". Nous inscrivons la dimension de -65 mm dans l'option "In z-direction". Nous utilisons cette mesure car le col doit commencer un peu à l'intérieur de l'arrosoir pour assurer une transition correcte, comme nous le verrons plus tard.

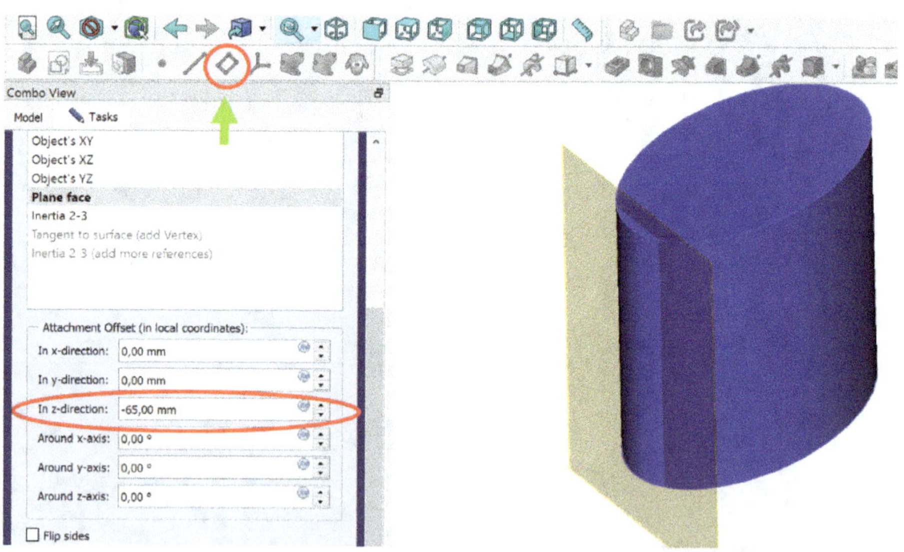

Sur ce plan, nous esquissons à nouveau une ellipse comme profil de base pour le col de l'arrosoir. Le centre de cette ellipse doit se trouver sur l'axe vertical de l'esquisse et 20 mm au-dessus du fond de l'arrosoir. Les dimensions de l'ellipse doivent être les suivantes : 10 mm de large et 20 mm de haut. Il est préférable de masquer le corps de base avant de le dessiner.

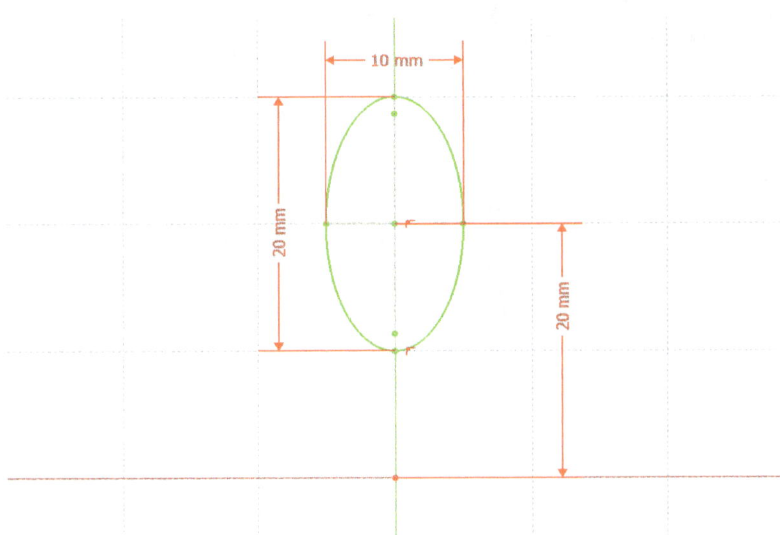

Nous pouvons alors terminer l'esquisse. Nous souhaitons créer le col de l'arrosoir à l'aide de la fonction "Additive Pipe".

Comme vous l'avez peut-être appris dans le cours pour débutants, nous avons toujours besoin d'un profil et d'un chemin pour cette fonction. Avant de dessiner ce chemin, nous allons ajouter la limite avant du col de l'arrosoir.

 Pour cela, nous créons un autre plan qui doit être parallèle au plan y-z avec une distance de -180 mm.

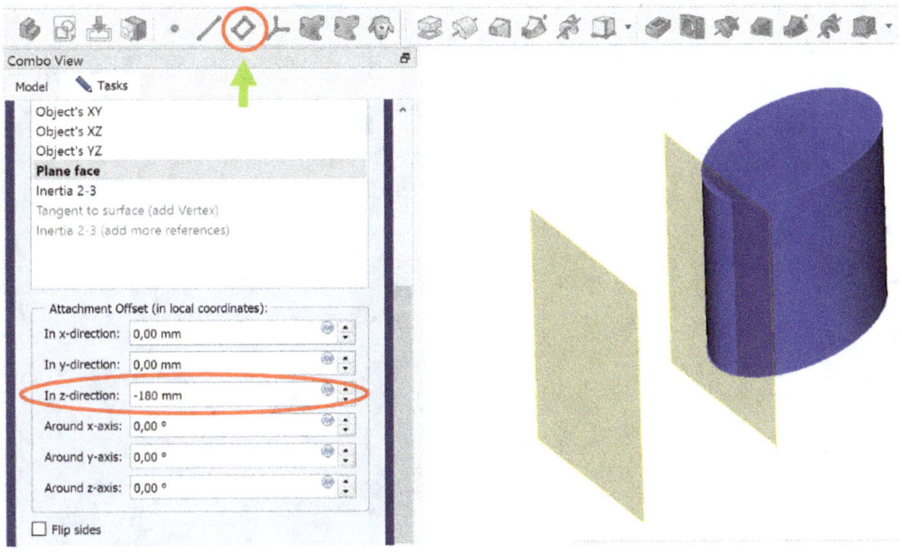

Sur ce plan, nous dessinons une autre ellipse qui doit mesurer 8 mm de large et 10 mm de haut. Le centre de l'ellipse doit être situé sur l'axe d'esquisse vert et à une distance de 150 mm de l'origine des coordonnées.

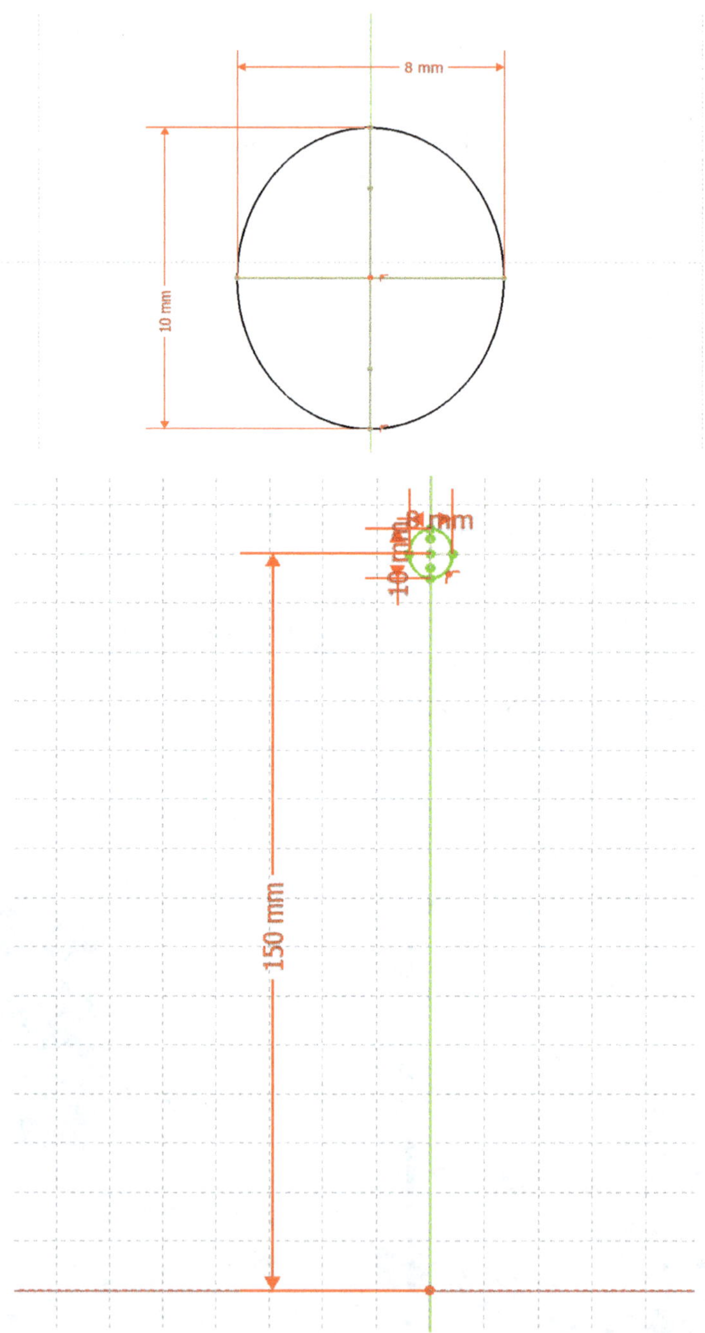

Après avoir terminé cette esquisse, nous pouvons démarrer une nouvelle esquisse sur le plan x-z, dans laquelle nous dessinons le chemin pour la commande "Additive Pipe". Le chemin consiste en un segment d'arc ("End points and rim point") auquel nous appliquons les cotes suivantes. Les cotes ont toutes comme point de référence l'origine des coordonnées (à l'exception du rayon).

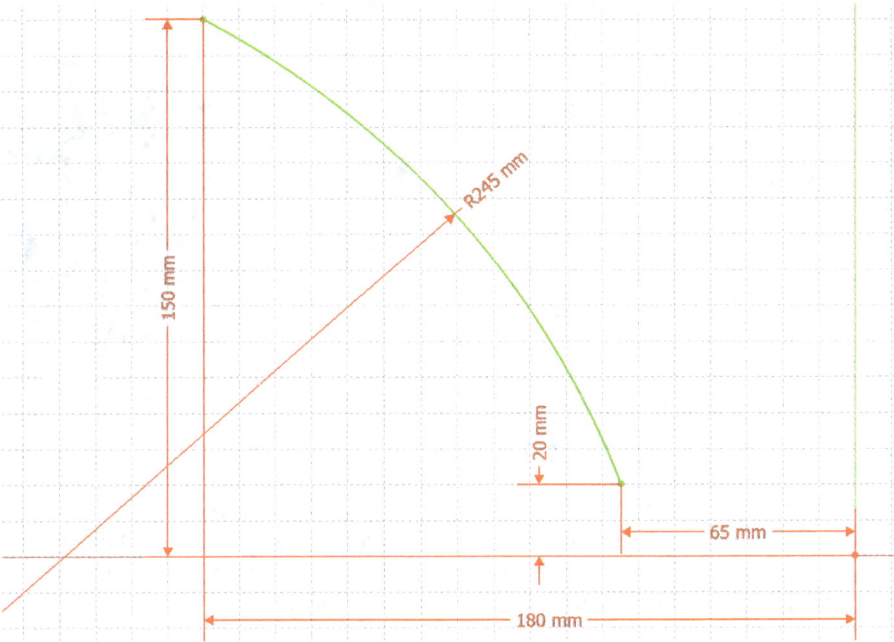

Nous pouvons alors également terminer cette esquisse. Pour exécuter la commande, nous sélectionnons d'abord les deux esquisses avec les ellipses dans l'arbre de structure, puis nous cliquons sur la commande "Additive Pipe" dans la barre d'outils.

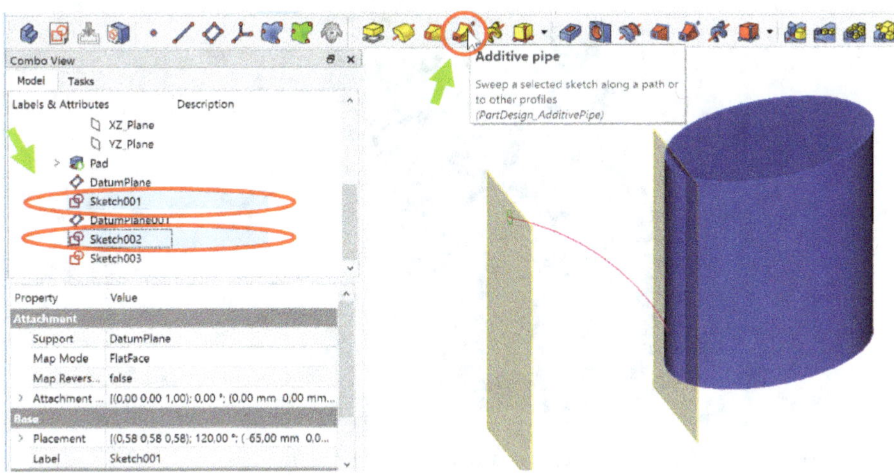

L'étape suivante consiste à définir le chemin de la commande en cliquant sur le bouton "Object" dans le champ "Path to sweep along" des paramètres, puis en sélectionnant l'arc esquissé dans le plan de dessin. Le programme devrait alors créer le corps comme vous le souhaitez.

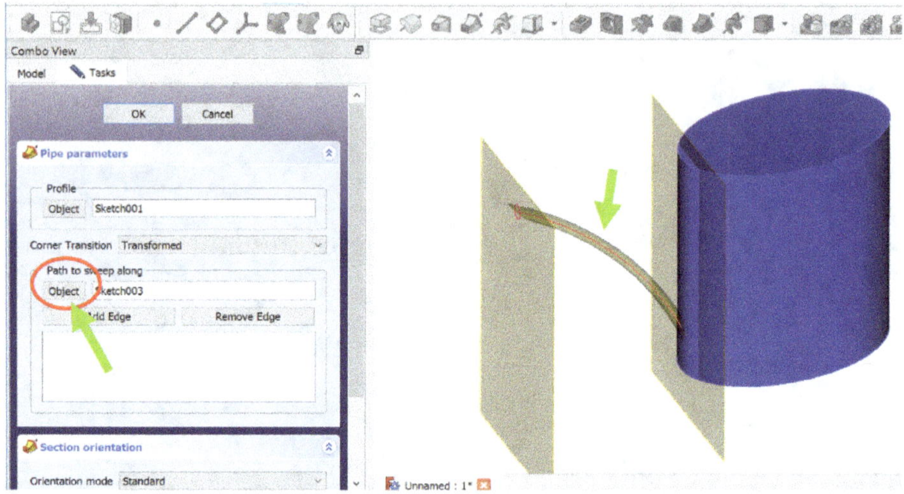

Ensuite, nous souhaitons creuser le corps de base. Comment allons-nous faire cela ? Exactement, avec la commande "Thickness" ! Pour cela, sélectionnez d'abord la face supérieure du pont et la face supérieure du col de l'arrosoir (en maintenant la touche CTRL enfoncée), puis cliquez sur la commande dans la barre d'outils.

Nous avons besoin d'une épaisseur de paroi de 1,5 mm.

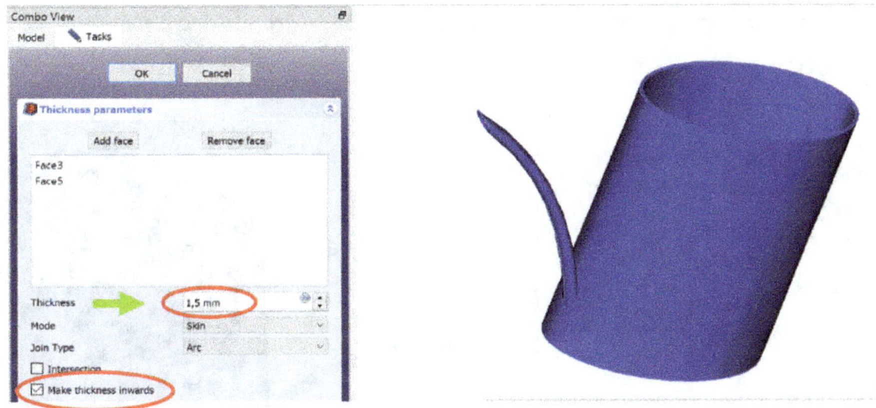

L'étape suivante consiste à créer un couvercle avec une ouverture de remplissage. Pour ce faire, nous dessinons le profil suivant dans une nouvelle esquisse sur le bord supérieur de l'arrosoir.

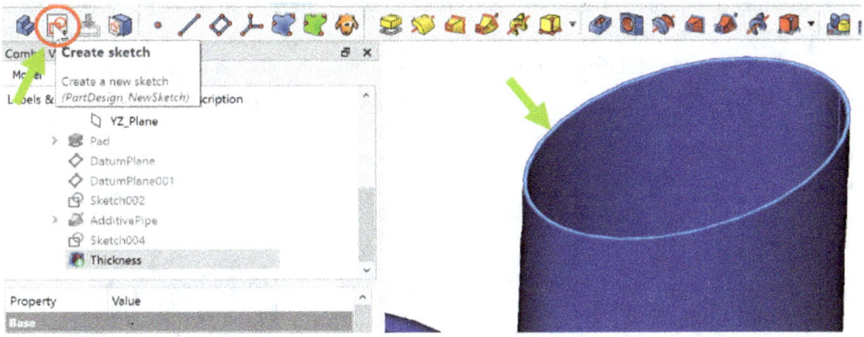

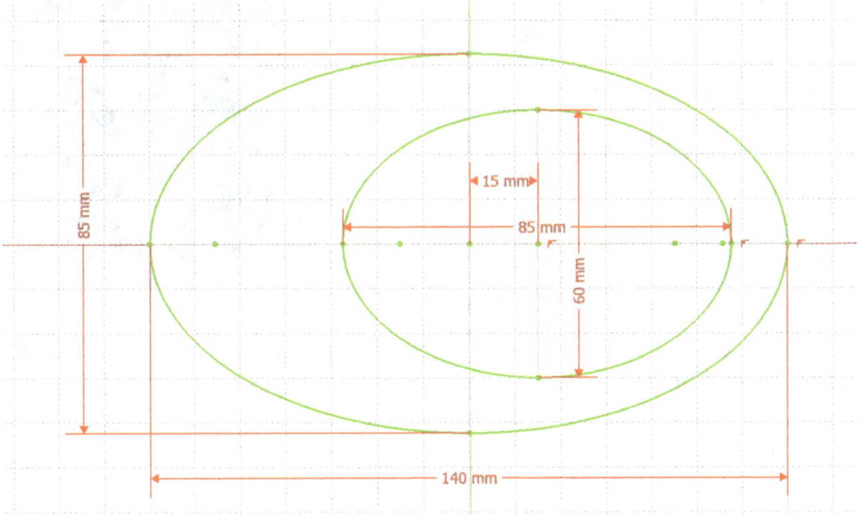

A l'aide du profil et de la fonction "Pad", nous créons une extrusion de 1,5 mm de hauteur.

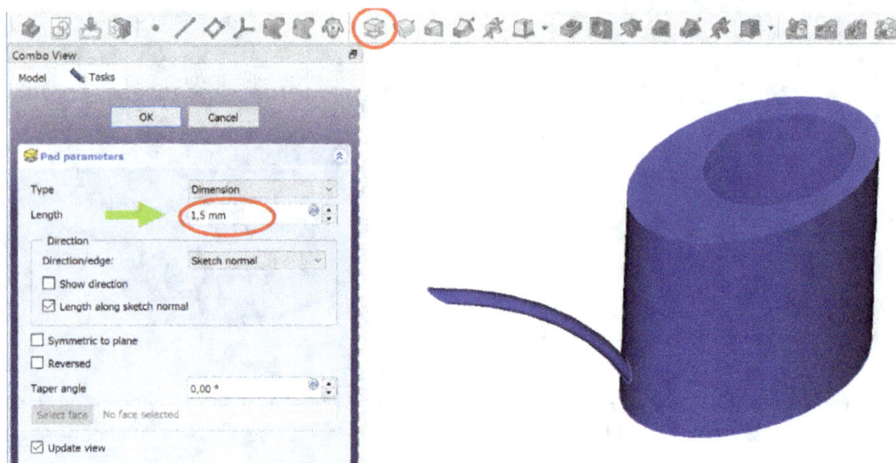

Nous sommes maintenant très avancés, il ne manque plus que la poignée. Nous créons la poignée de la même manière que le col de l'arrosoir. Pour cela, nous utilisons à nouveau la fonction "Additive Pipe". Comme profil, nous dessinons une ellipse dans la zone arrière sur un plan "Offset", qui doit être à une distance de 68 mm du plan y-z. Nous pouvons également utiliser la fonction "Offset".

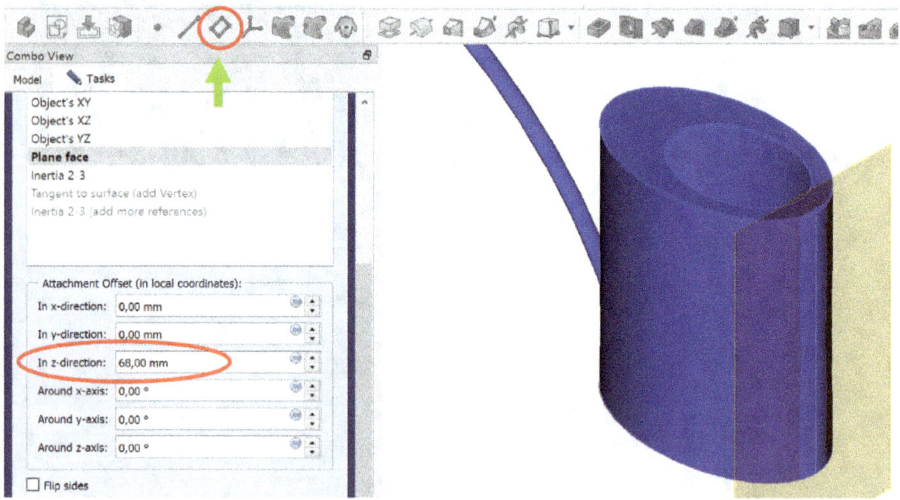

L'ellipse que nous dessinons sur le plan de décalage doit avoir une largeur de 15 mm et une hauteur de 7 mm, ainsi qu'une distance verticale de 15 mm par rapport à l'origine.

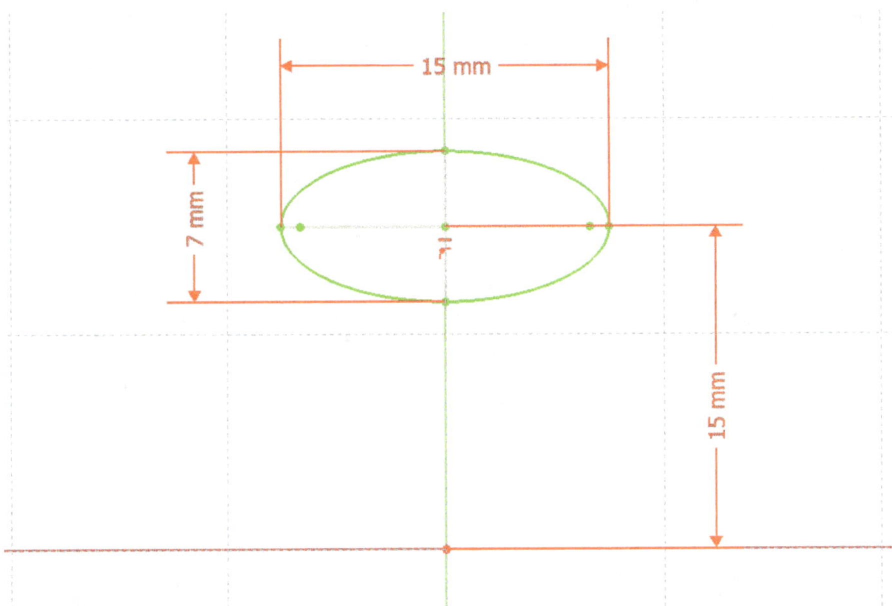

Nous terminons l'esquisse et créons ensuite le chemin en démarrant une esquisse sur le plan x-z. La poignée de l'arrosoir doit être relativement évasée et incurvée d'un point de vue design. Nous commençons par dessiner une ligne simple qui part de l'origine à 68 mm (horizontalement) et à 15 mm (verticalement). Cette ligne doit former un angle de 135° avec l'axe d'esquisse rouge et mesurer 30 mm de long.

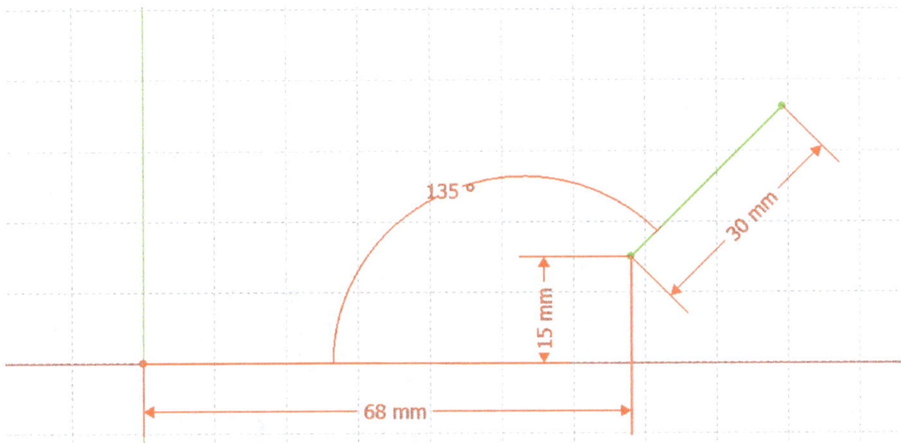

Pour la suite de la trajectoire de la poignée, nous dessinons un profil très incurvé. Pour cela, nous ajoutons un arc à 3 points ("End points and rim point") entre le point final de la ligne de 30 mm et l'axe vertical d'esquisse. Dans la zone inférieure, l'arc doit être tangent à la ligne (créer la contrainte "Constrain tangent") et avoir une distance de 250 mm par rapport à l'origine des coordonnées.

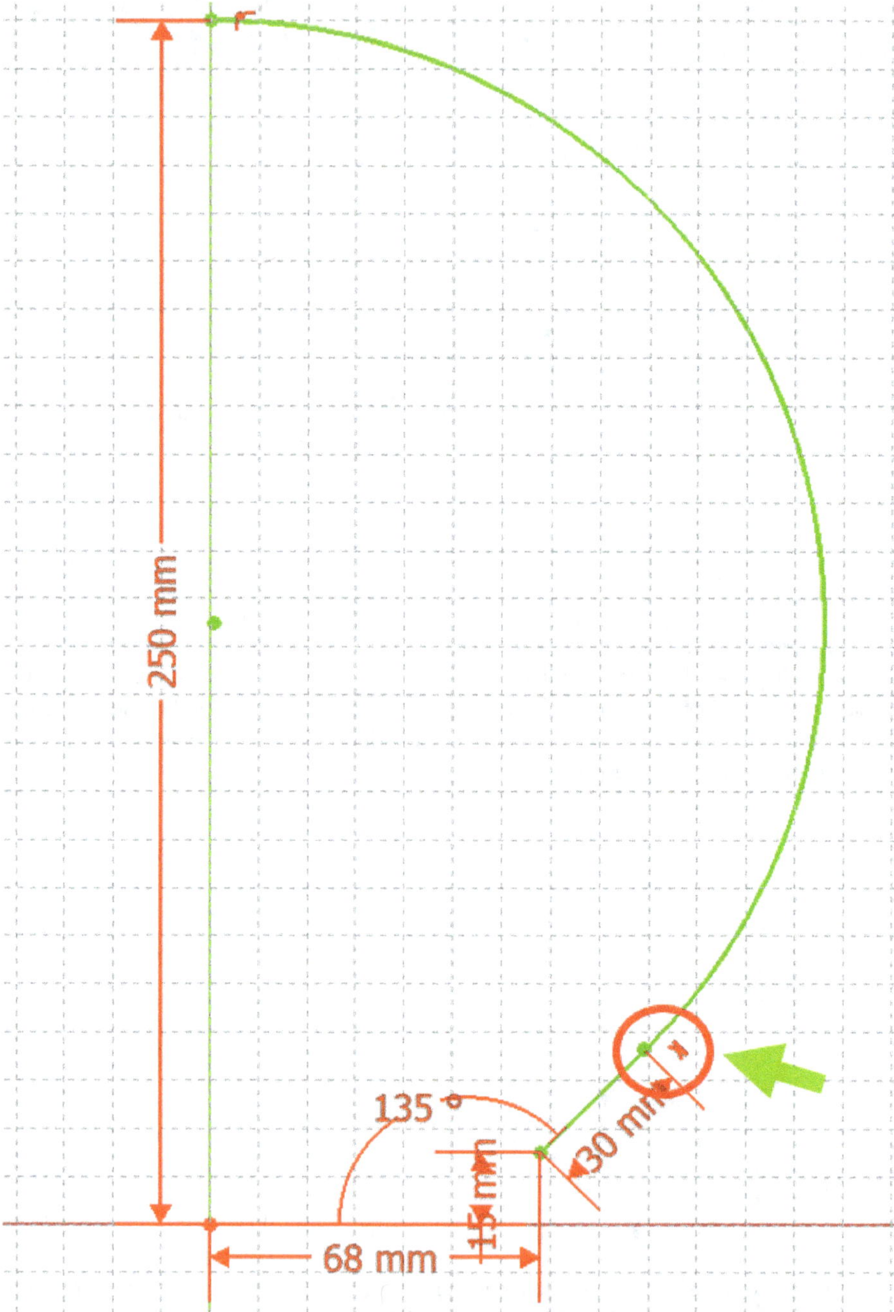
250 mm
135 °
68 mm
15 mm
30 mm
r

Nous ajoutons ensuite une autre ligne dans la zone avant de l'arrosoir. La ligne doit avoir une longueur de 40 mm, un angle de 30° par rapport à l'axe d'esquisse horizontal ainsi qu'une distance verticale de 140 mm et une distance horizontale de 66 mm par rapport à l'origine des coordonnées.

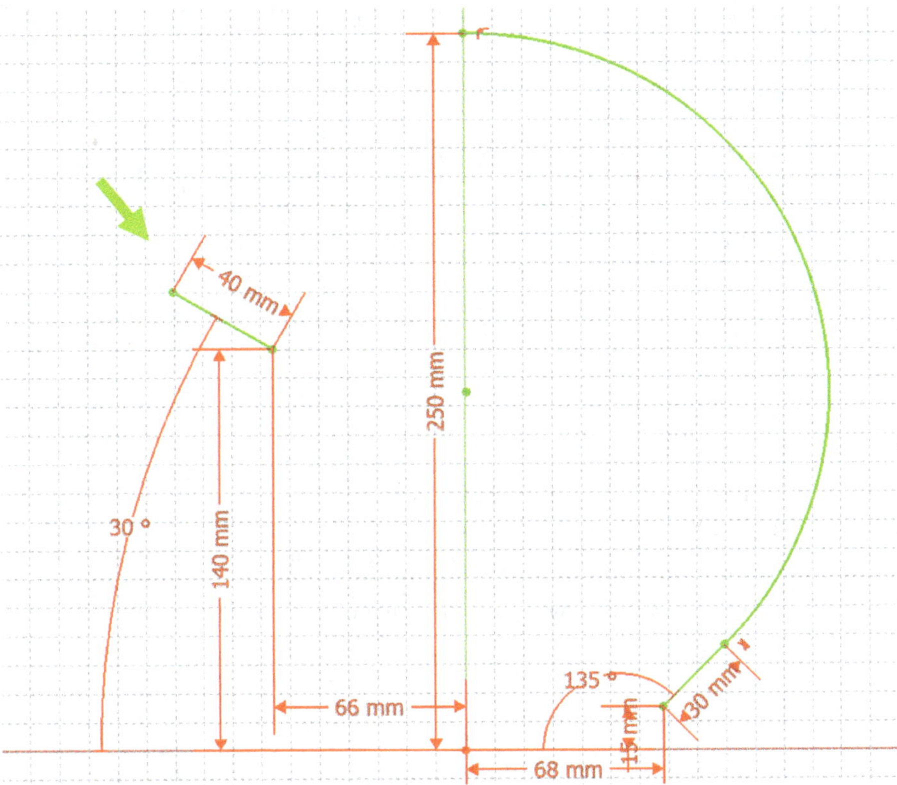

Nous compléterons le chemin avec un autre arc à 3 points ("End points and rim point"), que nous placerons dans la zone de l'axe vertical d'esquisse tangente au premier arc à 3 points.

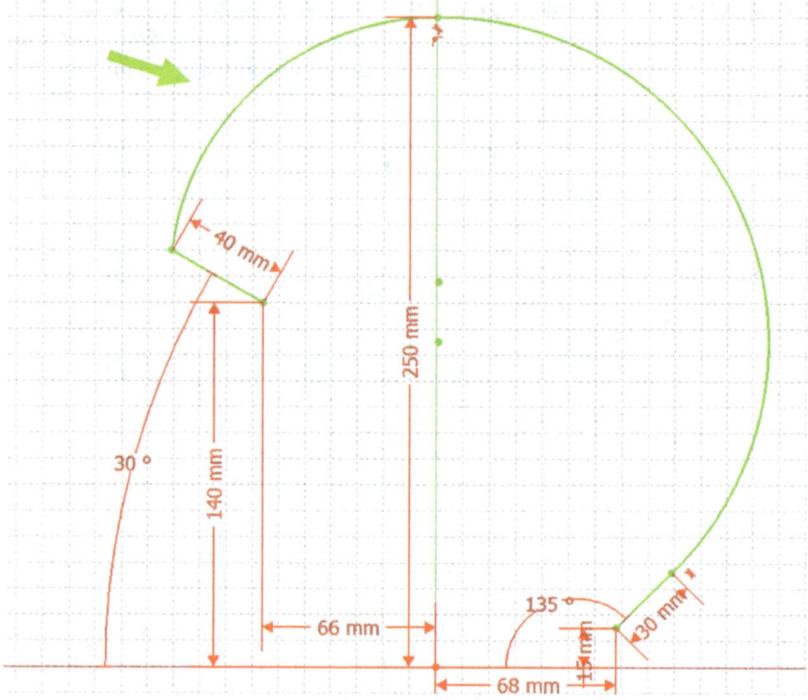

Nous arrondissons la zone avant avec la commande "Constraint-preserving sketch fillet".

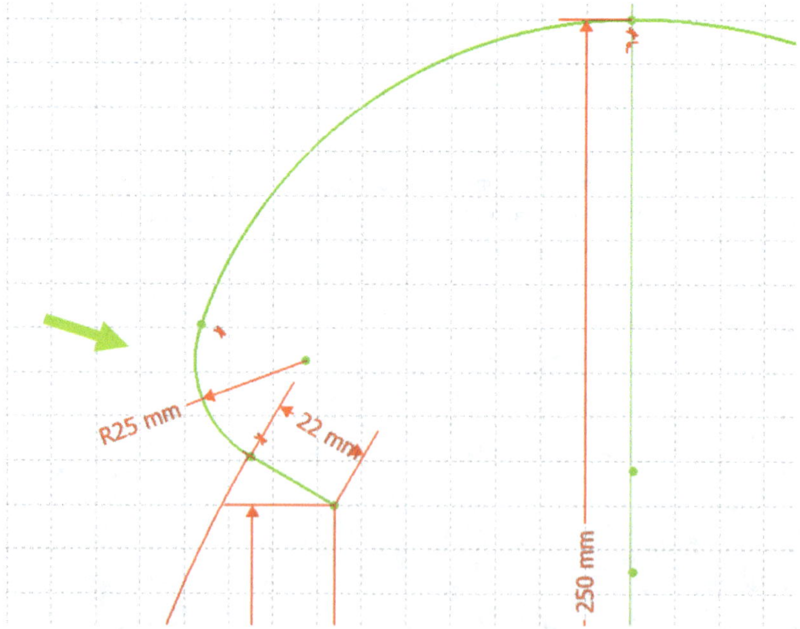

Pour le congé, nous coterons l'arc obtenu avec un rayon de 25 mm et la longueur du segment de ligne raccourci avec 22 mm. L'esquisse est alors entièrement définie et peut être fermée.

Une fois l'esquisse terminée, nous pouvons créer l'anse avec la commande "Additive Pipe". Pour cela, nous sélectionnons d'abord le profil que nous avons dessiné pour la forme de l'anse (ellipse), puis nous cliquons sur la commande dans la barre d'outils. Ensuite, dans les paramètres, nous cliquons sur le bouton "Object" pour sélectionner le chemin dans le plan de dessin.

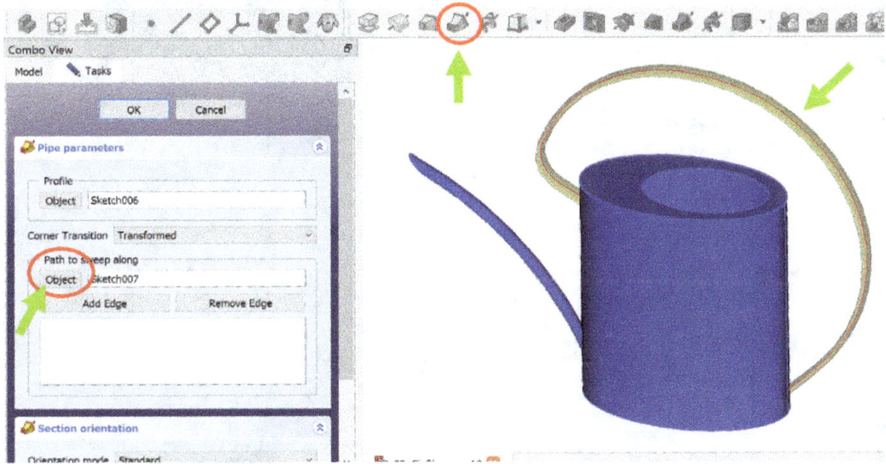

D'ailleurs, si une erreur apparaît, vous pouvez cliquer dessus pour la faire disparaître. L'erreur survient uniquement parce que le programme ne reconnaît pas de profil comme chemin. Nous sélectionnons cependant le chemin manuellement.

Dans l'avant-dernière étape, nous créons encore quelques congés comme suit : 5 mm pour les bords supérieur et inférieur, 2 mm pour les bords des carottes (il suffit de cliquer sur la surface de l'enveloppe du corps de base) et 0,3 mm pour le bord supérieur du bec verseur de la verseuse.

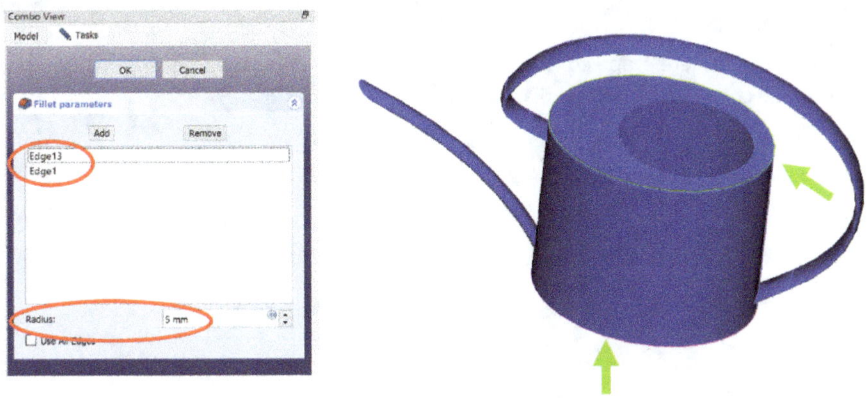

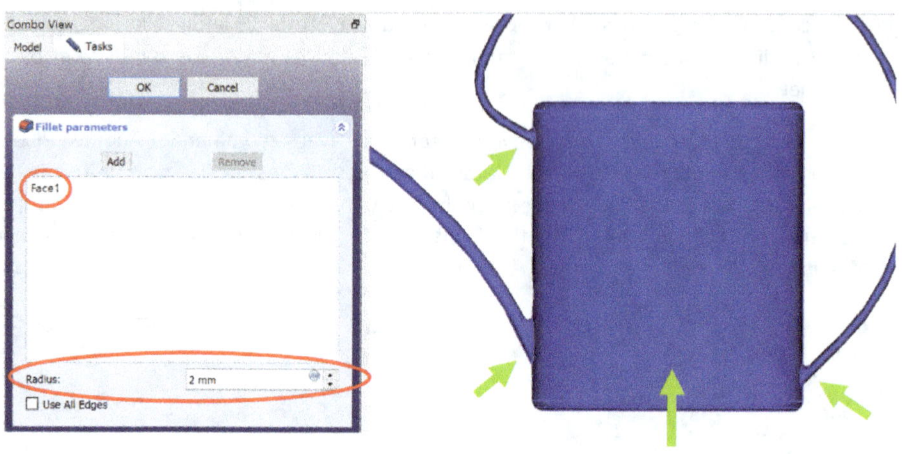

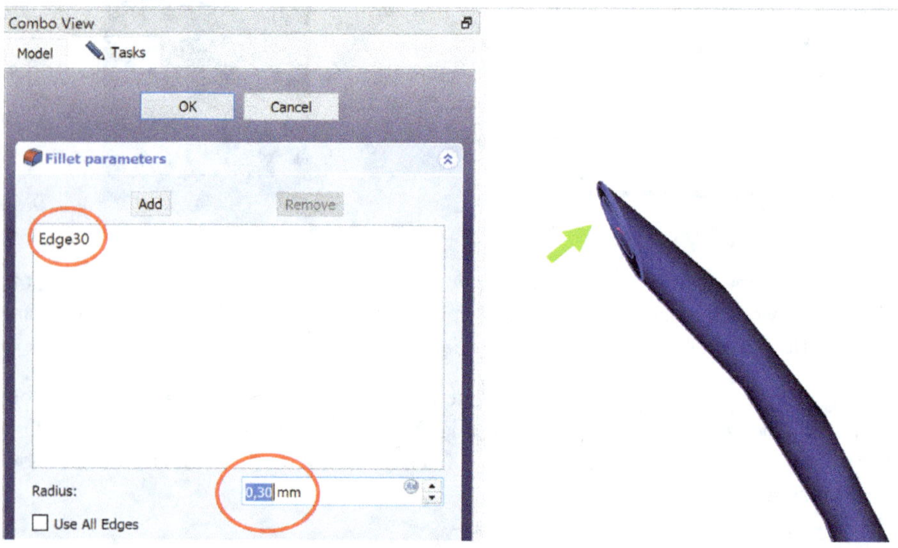

Excellent ! La dernière étape consiste à modifier quelque peu l'apparence. Nous pourrions par exemple créer un arrosoir en plastique vert.

Maintenant, c'est fait. L'arrosoir est terminé. Les modèles 3D que nous construisons ici pourraient d'ailleurs être imprimés avec une imprimante 3D. Si vous êtes intéressé par ce sujet, vous pouvez suivre mon cours d'initiation à l'impression 3D. Vous trouverez des informations à ce sujet dans les dernières pages de ce livre.

Dans le prochain chapitre, nous allons construire le boîtier d'une télécommande. Continuons !

10 Projet n° 9 : Télécommande

Dans ce chapitre, nous allons construire une télécommande avec un compartiment à piles, un couvercle coulissant et quelques boutons. Normalement, une telle télécommande n'est pas construite en une seule pièce, mais à partir de plusieurs pièces moulées par injection. Dans ce cas, nous allons construire une fausse télécommande en deux parties.

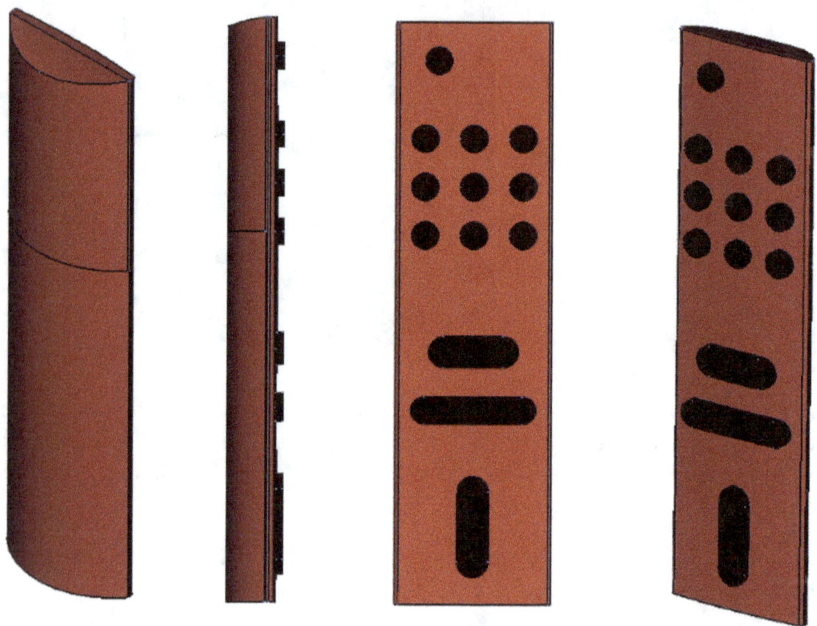

Pour le corps de base, qui a une forme ovale et que nous allons créer par extrusion, nous avons d'abord besoin d'une esquisse 2D sur le plan x-y. Pour la forme de la section transversale, nous commençons par deux lignes verticales de 2 mm de long, dont l'une est placée à gauche et l'autre à droite de l'origine. La distance entre ces deux lignes doit être de 40 mm. La distance entre une ligne et l'origine doit être de 20 mm afin que les lignes soient symétriques par rapport à la ligne centrale. L'étape suivante consiste à créer un arc à 3 points reliant la partie inférieure et dont le rayon doit être de 25 mm.

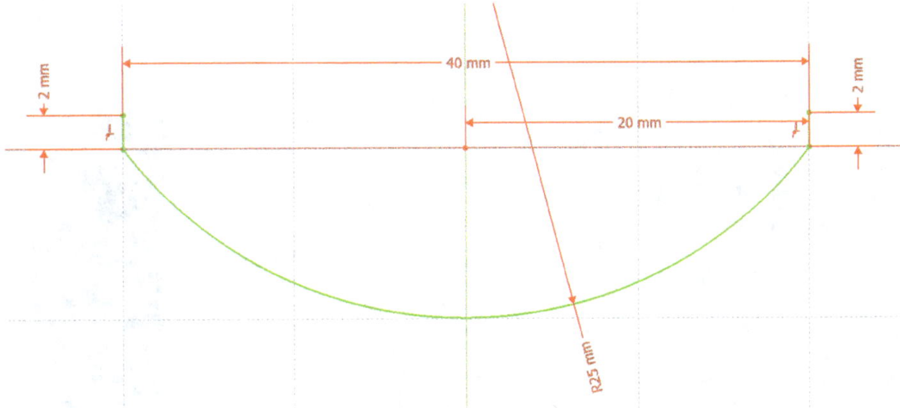

Nous plaçons un autre arc avec un rayon de 200 mm sur le côté supérieur.

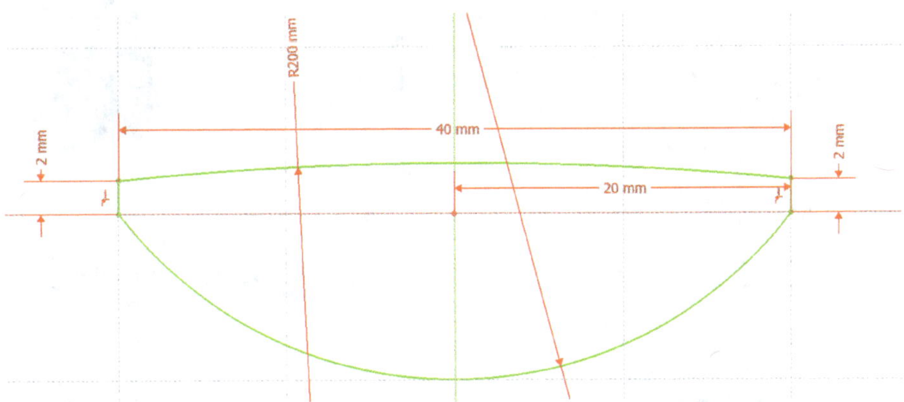

Nous pouvons ensuite fermer l'esquisse et créer le corps par une extrusion symétrique avec un espacement de 75 mm entre chaque. Pour cela, nous utilisons comme d'habitude la commande "Pad" et le paramètre "Two dimensions".

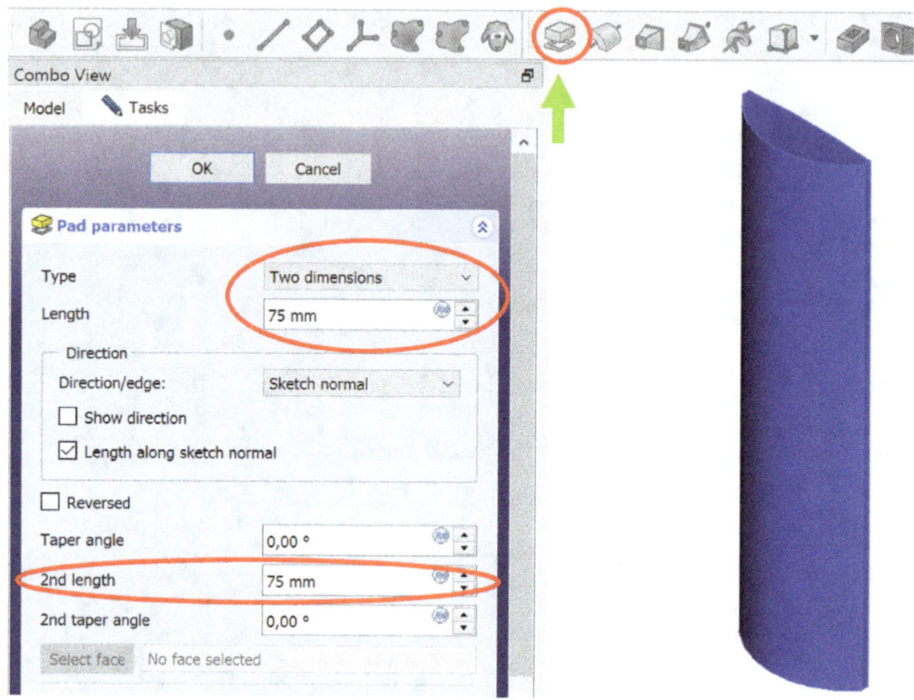

Ensuite, nous arrondissons les quatre bords latéraux de 1 mm chacun.

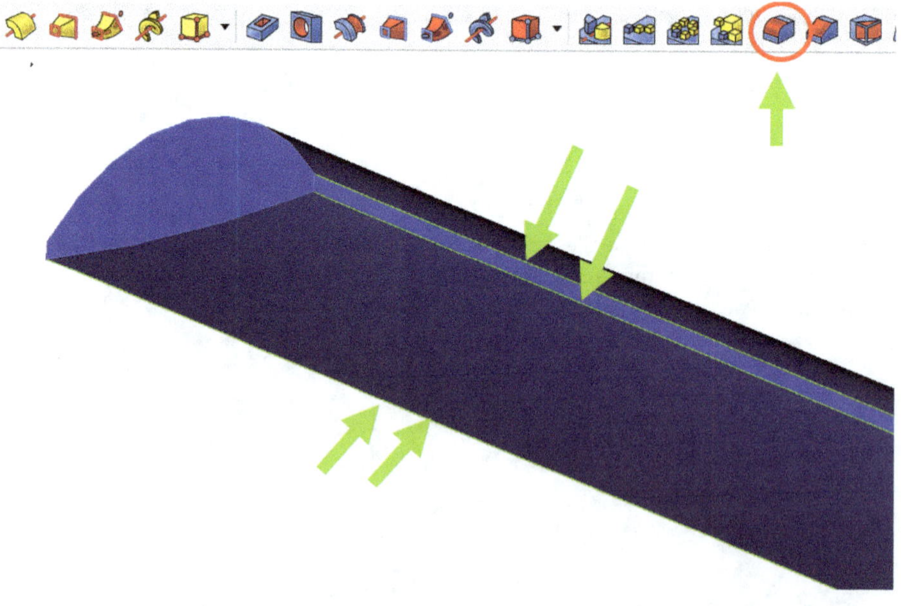

Nous souhaitons ensuite biseauter légèrement la surface supérieure de la télécommande. Nous le faisons avec un profil sur la face latérale, avec lequel nous enlevons ensuite du matériau du corps de base. Nous dessinons le profil sur le plan y-z dans la partie supérieure de la télécommande. Il est préférable de masquer le corps de base. La géométrie de départ est une ligne horizontale qui commence sur la ligne centrale verticale. Cette ligne doit avoir une longueur de 10 mm et être située à 75 mm de l'axe d'esquisse horizontal rouge. A l'extrémité de cette ligne, nous plaçons une ligne verticale de 2,5 mm de long.

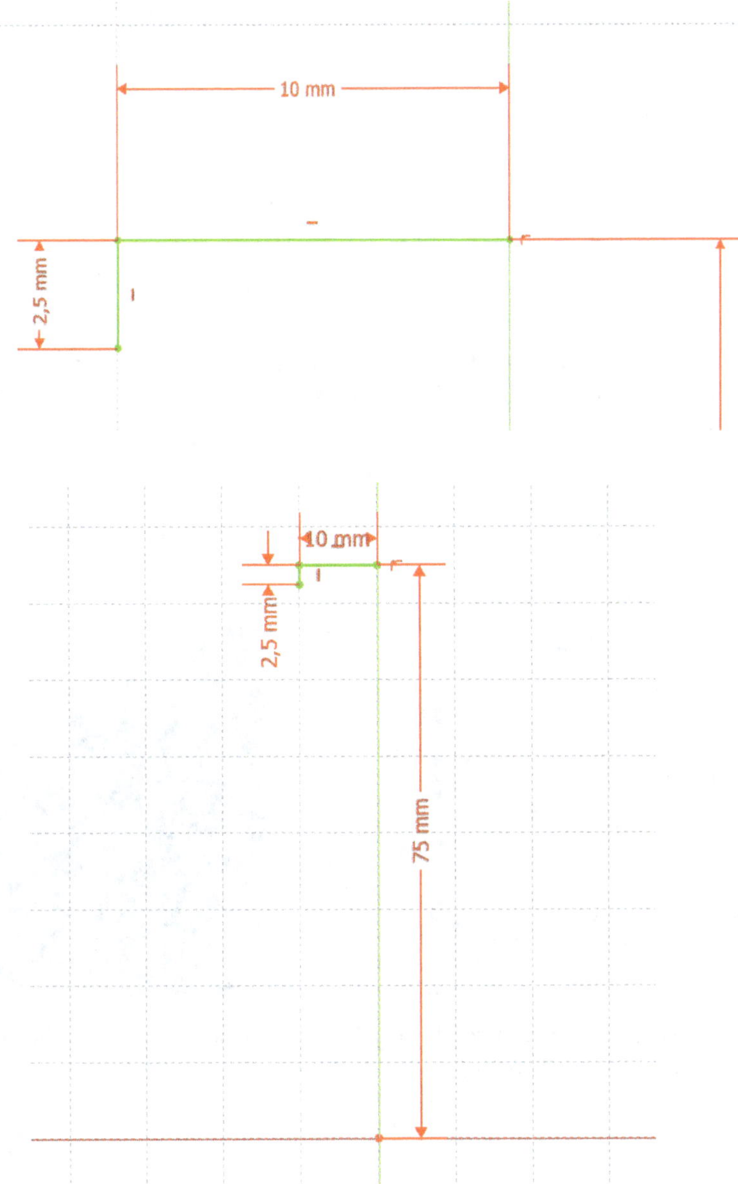

Nous relions les deux points d'extrémité de la géométrie par un arc à 3 points. Celui-ci a un rayon de 40 mm.

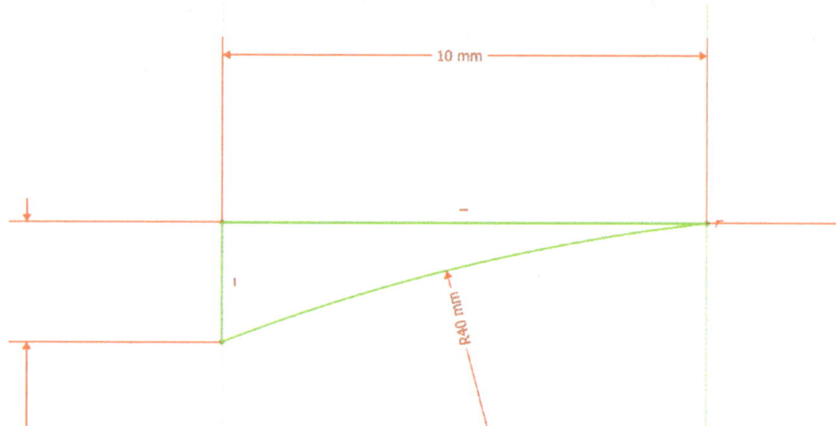

Maintenant que nous avons fait une esquisse sur le plan central, nous devons découper le profil avec la commande "Pocket" à partir du centre, par exemple 20 mm dans deux directions.

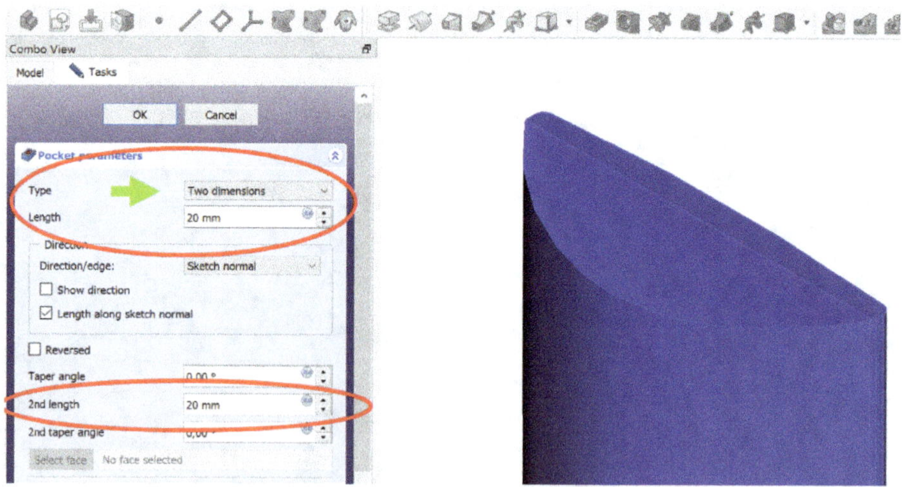

Ensuite, nous créons un plan décalé de 20 mm par rapport au plan x-y afin de créer une esquisse de la découpe du couvercle de la batterie sur ce plan.

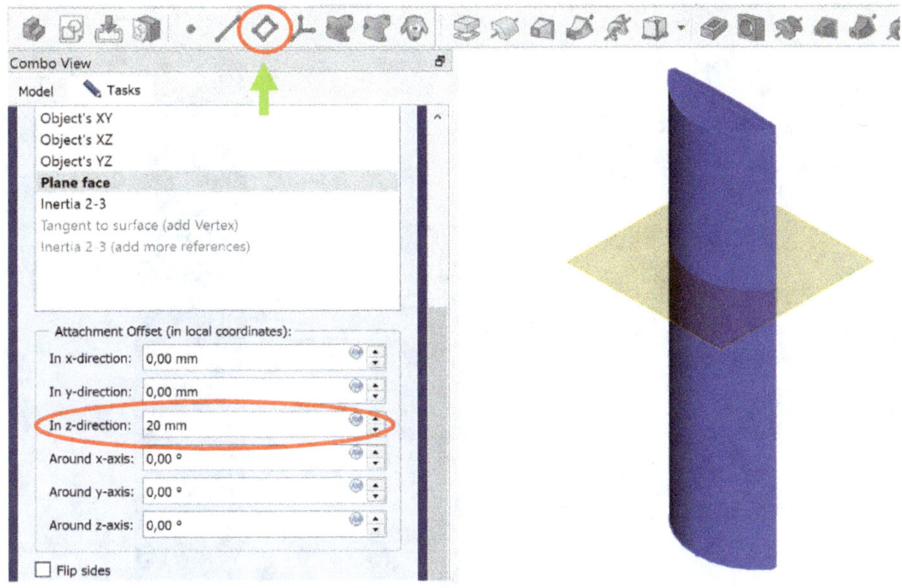

A ce niveau, nous esquissons le profil suivant :

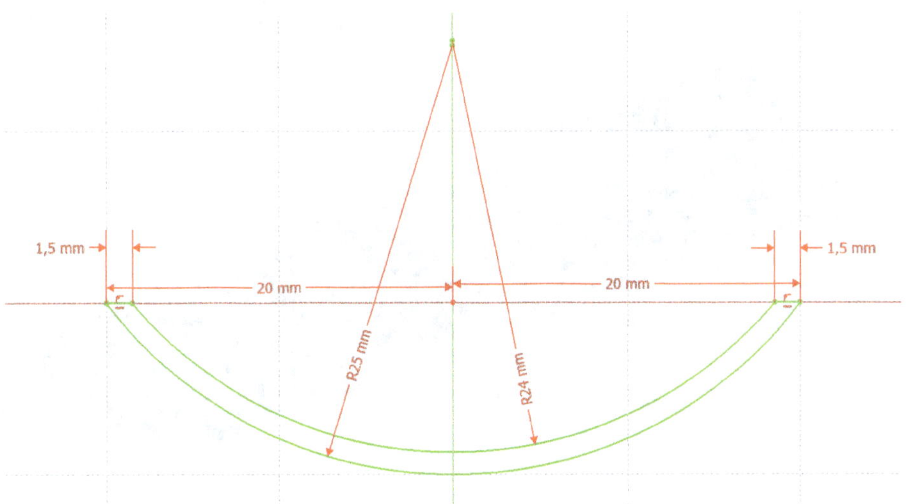

Avec ce profil et à l'aide de la commande "Pocket", nous enlevons ensuite du matériel sur une longueur de 95 mm (direction : vers le bas).

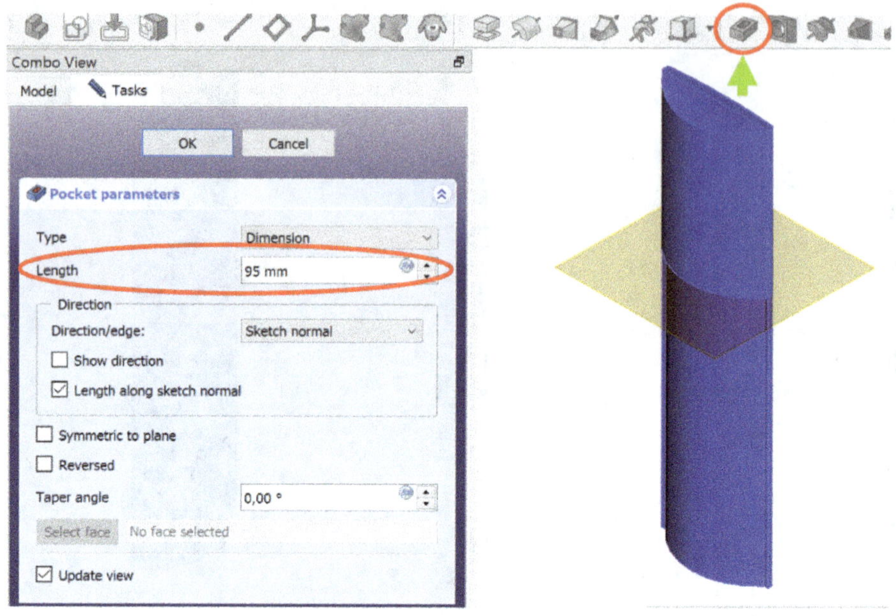

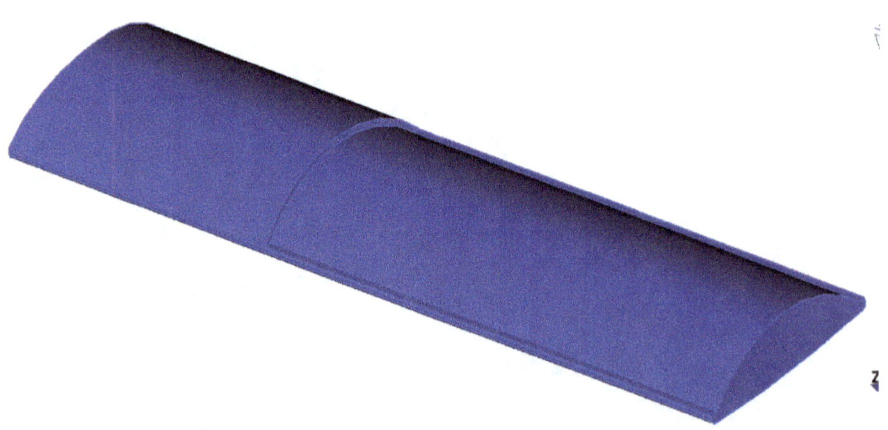

Nous allons ensuite créer une découpe qui représentera le compartiment des piles. Pour cela, nous créons un plan parallèle au plan x-z avec une distance de 2,5 mm.

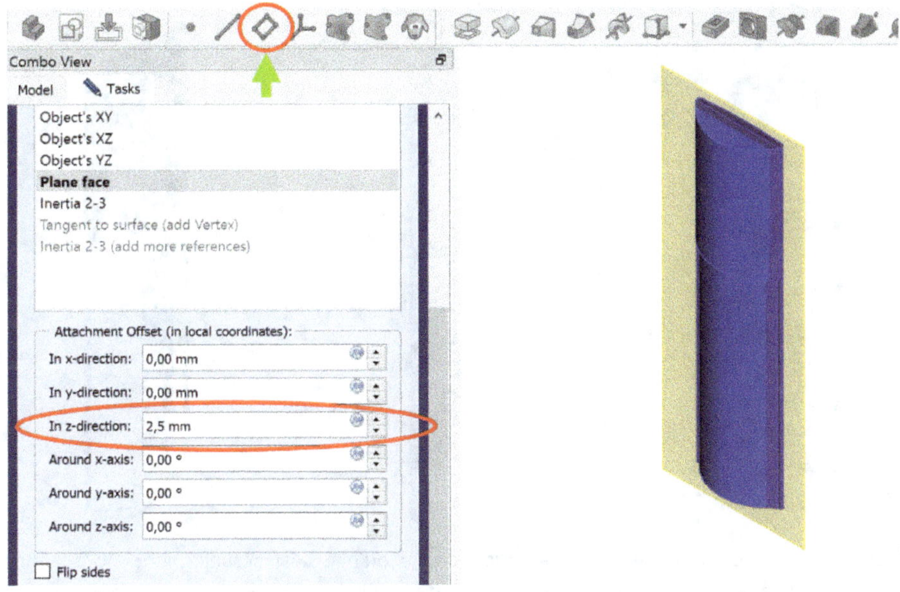

Sur ce plan, nous esquissons le profil rectangulaire suivant :

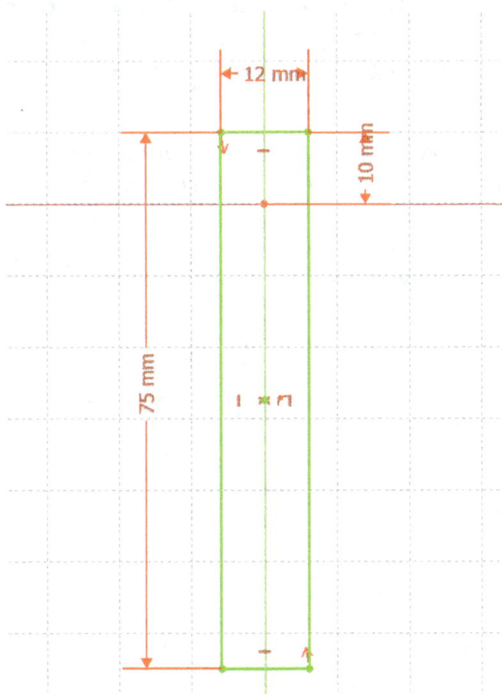

Avec la commande "Pocket", nous créons la découpe (10 mm) et obtenons ainsi le compartiment à piles. Vous devrez probablement activer l'option "Reversed".

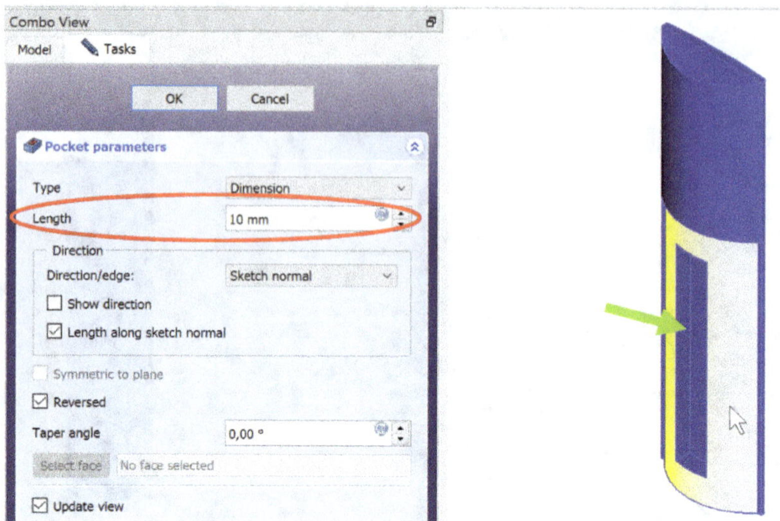

Pour que la face avant ne reste pas aussi vierge qu'elle l'est actuellement, nous allons maintenant réaliser les esquisses des boutons de la télécommande. Pour cela, nous créons une esquisse sur le plan x-z du corps. Nous extrudons les boutons depuis l'intérieur de la télécommande. Nous devons le faire car la face avant de la télécommande est bombée. Si nous faisions une esquisse sur cette face bombée, les transitions latérales des boutons ne seraient pas liées à la face. Essayez ceci pour vous entraîner et vous comprendrez tout de suite ce que je veux dire.

Nous allons donc, comme précédemment, esquisser sur le plan x-z. Pour la première touche, la touche Marche/Arrêt, nous esquissons un cercle de 7 mm de diamètre en haut à droite et positionnons le cercle à 9 mm (horizontalement) et 65 mm (verticalement) de l'origine. Le bouton suivant reçoit également un cercle de 7 mm, qui doit être positionné à 12,5 mm (horizontalement) et 45 mm (verticalement) de l'origine.

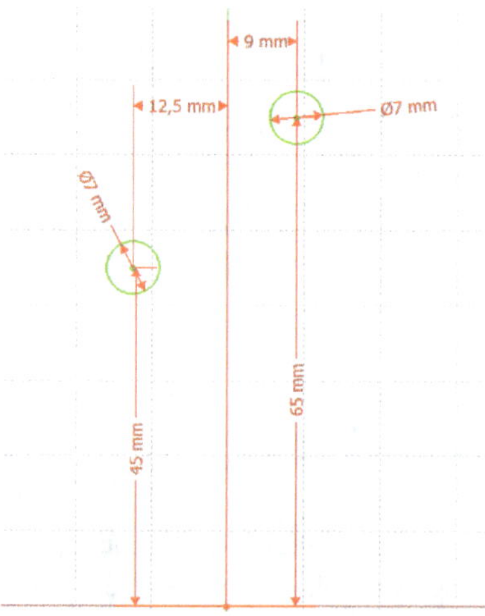

Nous allons maintenant créer un clavier qui comportera neuf touches au total. Pour cela, nous dessinons huit cercles supplémentaires de 7 mm de diamètre, comme indiqué. Afin d'éviter de coter chaque cercle, il est préférable d'utiliser la contrainte "Constrain Equal" pour que chaque cercle soit identique au premier. Les centres des cercles doivent être séparés par une distance de 12,5 mm. Ces distances ne sont également cotées qu'une fois par ligne ou par colonne. Pour que l'esquisse soit complètement définie, nous utilisons ici aussi des contraintes. Avec les contraintes "Constrain horizontally" ou "Constrain vertically", nous pouvons placer les centres des cercles horizontalement ou verticalement les uns par rapport aux autres. Pour ce faire, nous cliquons d'abord sur la commande et sélectionnons ensuite les deux centres de deux cercles adjacents.

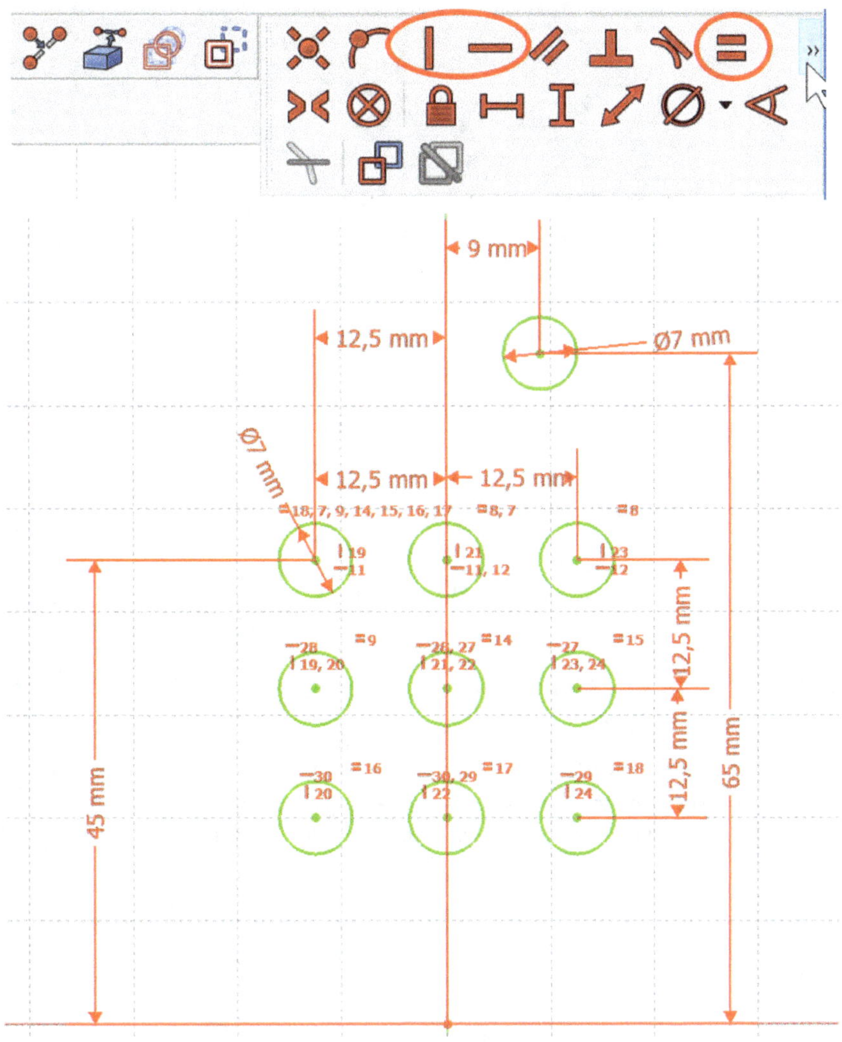

Les trois derniers boutons doivent être esquissés comme des trous oblongs. Deux d'entre elles doivent être disposées horizontalement et une verticalement. Cela devrait ressembler à ceci, y compris les cotes. Nous nous trouvons pour cela sous l'axe d'esquisse horizontal, c'est-à-dire sous les autres touches.

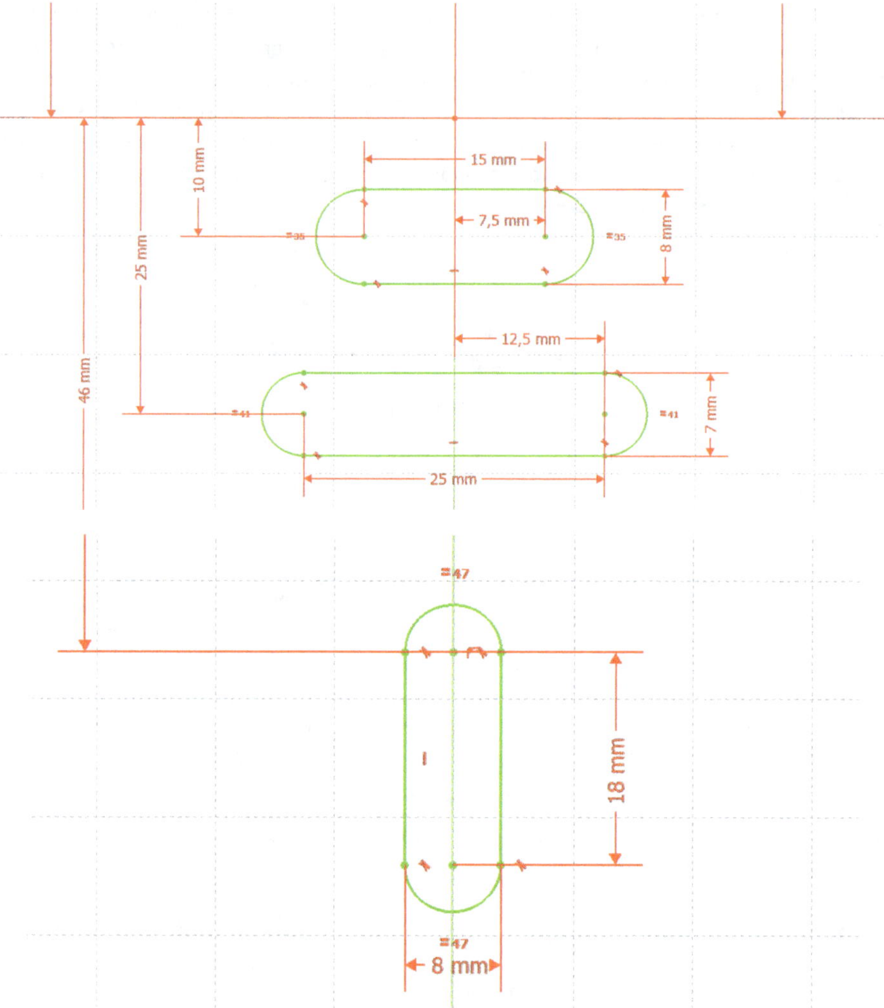

Nous pouvons alors terminer l'esquisse et extruder les boutons avec la commande "Pad" 4,5 mm. Ici aussi, vous devrez éventuellement activer l'option "Reversed".

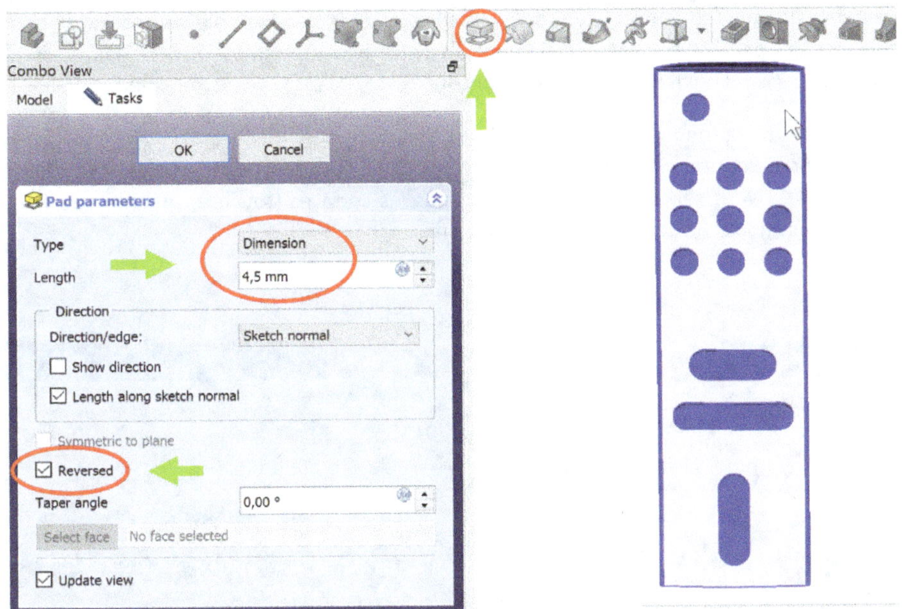

Comme nous ne dessinons qu'une maquette, les touches sont certes reliées au corps et ne sont pas fonctionnelles, mais nous souhaitons néanmoins différencier l'apparence par rapport au corps de base en termes de couleur. Nous pouvons par exemple colorer le corps de base en rouge. Nous savons déjà comment cela fonctionne grâce aux projets précédents.

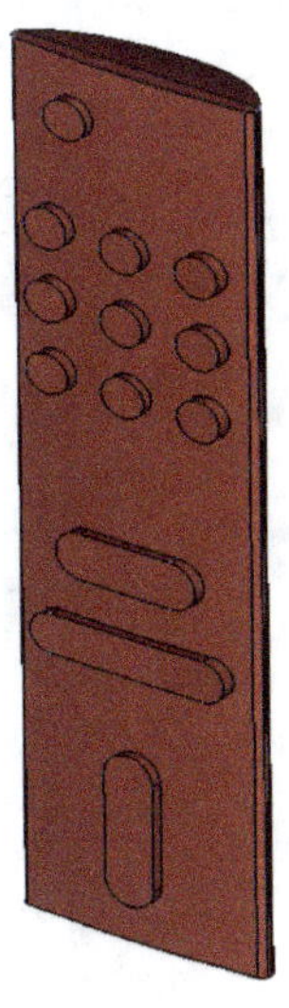

En revanche, nous souhaitons colorer les touches en noir, par exemple. La procédure pour cela est un peu différente. Il est important que nous fermions d'abord les "Display properties" dans l'onglet "Tasks" en cliquant sur "Close" dans la vue combinée.

Ensuite, nous faisons un clic droit sur la fonction des touches ("Pad"), puis nous sélectionnons l'option "Set colors ...". Cette commande nous permet de colorer des surfaces individuelles. Nous sélectionnons ensuite toutes les surfaces (touches) que nous voulons colorer, puis nous choisissons une couleur noire.

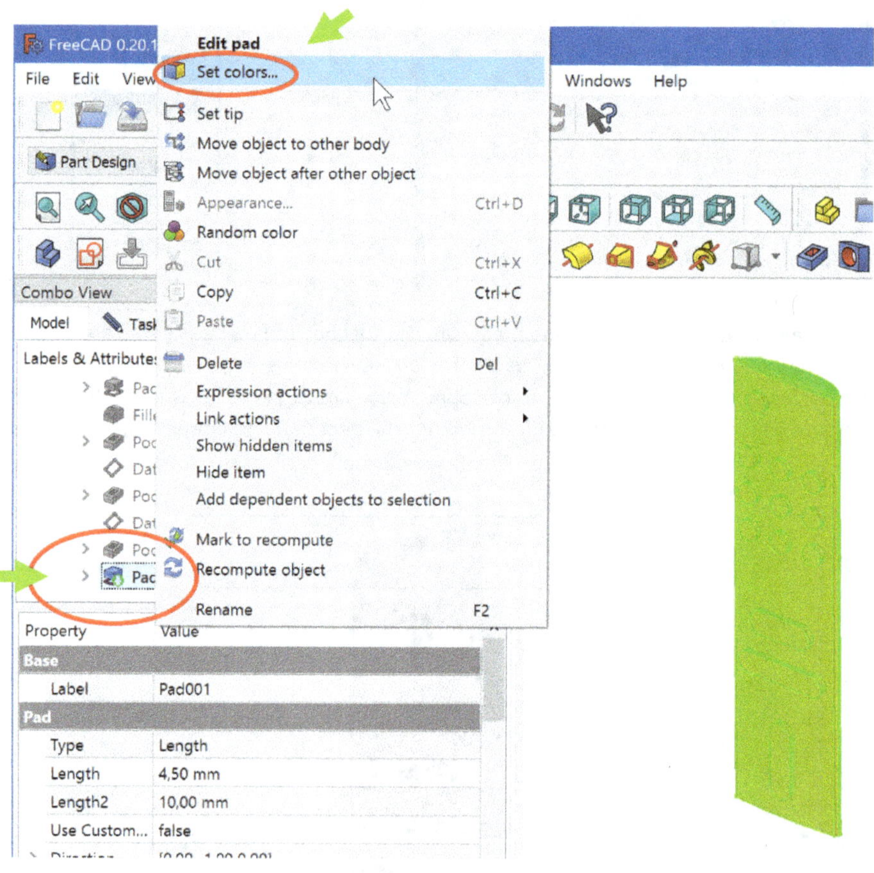

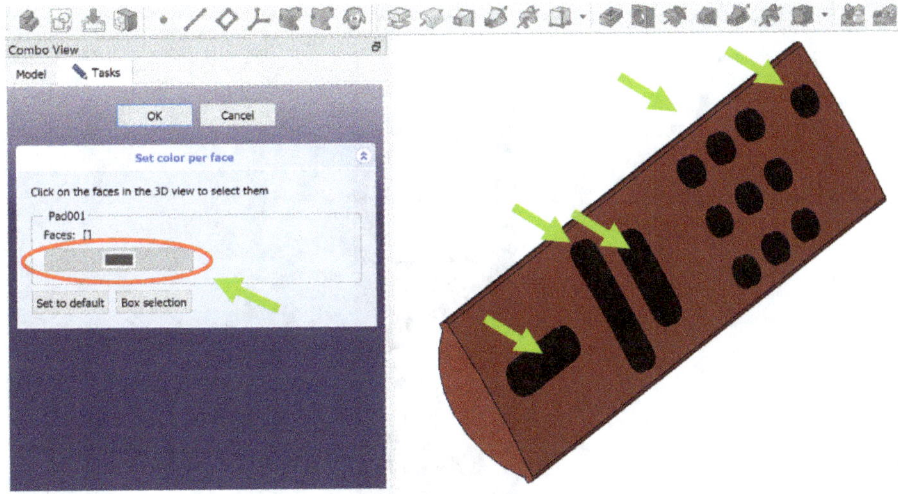

Nous avons maintenant presque terminé. Dans la prochaine étape, nous souhaitons créer un couvercle ajusté pour le compartiment des piles de la télécommande. Nous le ferons dans un nouveau document, car il s'agit d'une pièce à part entière.

Dans ce nouveau document, nous allons créer un corps et une esquisse sur le plan x-y. Sur cette esquisse, nous dessinons le profil que nous avons déjà dessiné pour la découpe du couvercle de la batterie.

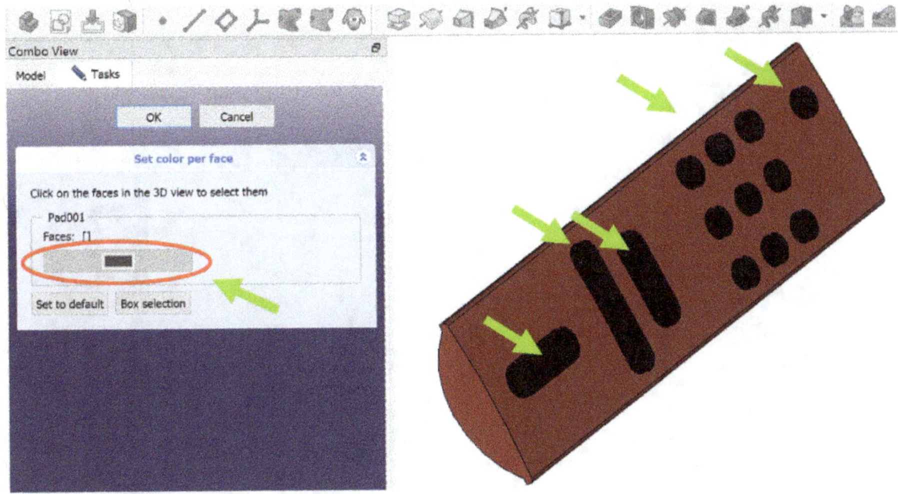

Nous extrudons ensuite ce profilé de 95 mm et le colorons également en rouge. La pièce est maintenant terminée et peut être sauvegardée.

Ensuite, nous créons un nouvel assemblage en créant un nouveau document et en allant dans l'espace de travail "A2plus". Dans cet espace de travail, nous pouvons monter le couvercle de la batterie sur la télécommande. Pour cela, à l'aide de la commande "Add a part from an external file", nous insérons d'abord la télécommande puis le couvercle.

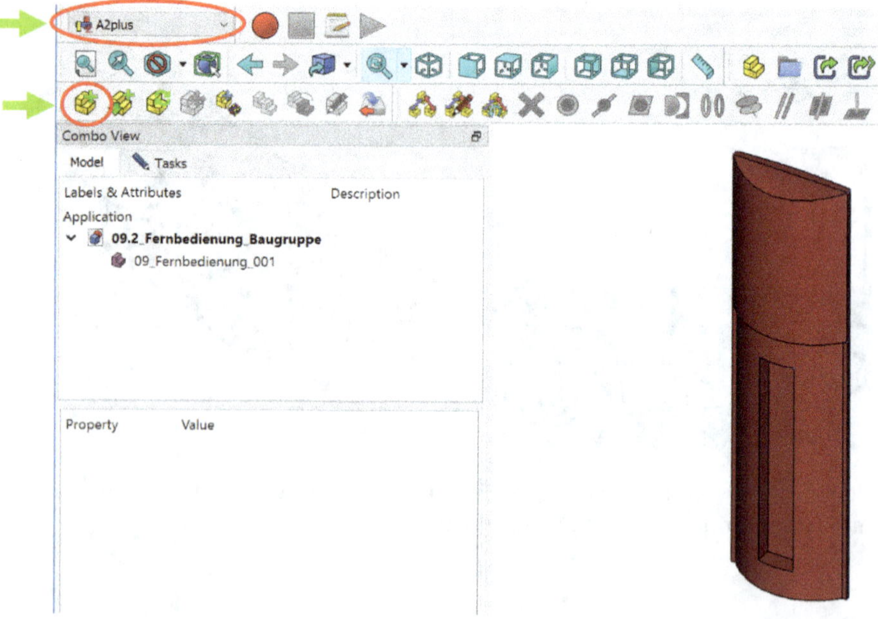

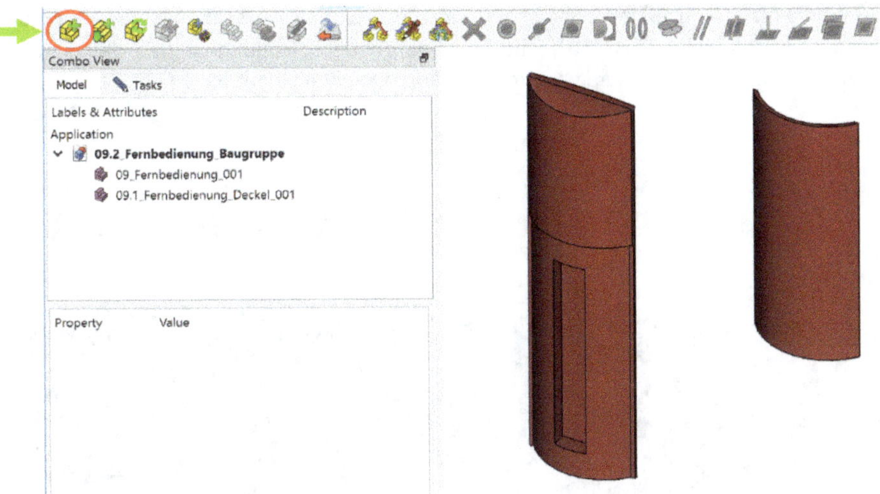

Pour le montage, nous sélectionnons d'abord la face intérieure du couvercle, puis la face correspondante de la télécommande. Les contraintes possibles nous sont alors présentées. Nous choisissons la commande "Add axis Coincident constraint".

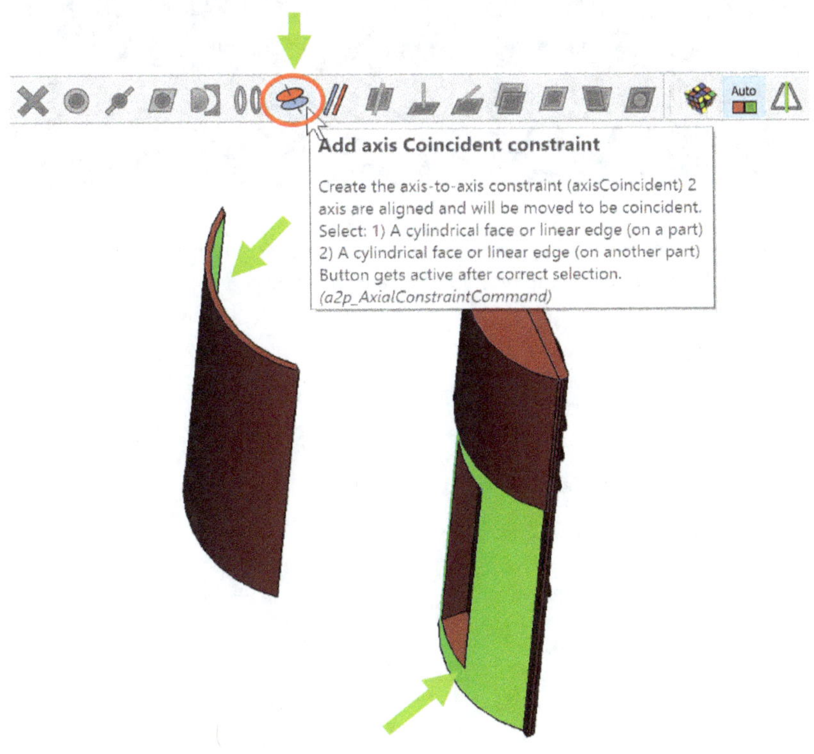

Maintenant, le couvercle peut encore être déplacé dans le sens linéaire. Pour que le couvercle soit fixé dans la bonne position, nous sélectionnons les deux surfaces représentées et cliquons sur la commande "Add planeCoincident constraint".

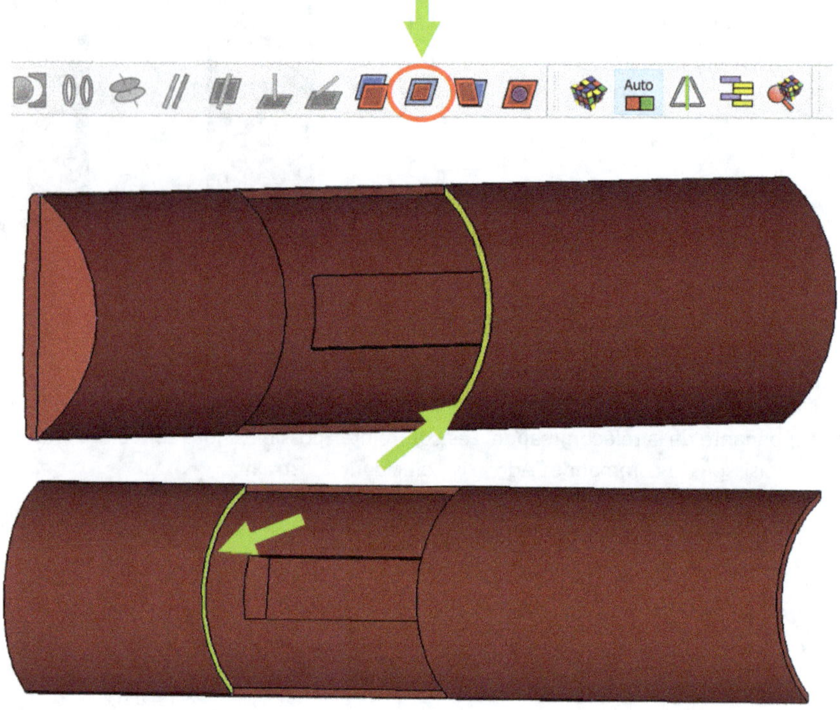

Parfait, nous pouvons maintenant terminer ce projet de conception avec succès et arriver à la fin du cours ! Félicitations pour avoir réussi à aller aussi loin !

Mot de la fin

Excellent ! Vous avez réussi, avec ce chapitre nous terminons le cours avancé de conception CAO dans "FreeCAD" ! A ce stade, vous devriez déjà avoir acquis de bonnes compétences en conception CAO avec "FreeCAD".

Ensemble, nous avons construit de superbes objets, découvert de nouvelles fonctions et approfondi des fonctions de base au cours de ce cours. Nous avons donc fait du chemin ! Vous avez raison d'être fier de vous si vous êtes arrivé jusqu'à cette leçon ! Félicitations !

Il est possible que ce cours de conception CAO avancé soit suivi d'une deuxième partie, de structure similaire, qui traitera d'autres objets de conception de difficulté moyenne ou très complexe. Si vous êtes intéressé, n'hésitez pas à consulter ma page d'auteur de temps en temps pour vous tenir au courant.

Et si vous souhaitez voir vos objets de construction en 3D, n'hésitez pas à vous tourner vers l'impression 3D. C'est très amusant et très utile de pouvoir matérialiser vos propres constructions.

Utilisez mon cours : "L'impression 3D | étape par étape" et commencez dès aujourd'hui !

Si vous avez apprécié le cours de conception CAO dans "FreeCAD", je serais personnellement très heureux que vous me laissiez une évaluation et un bref commentaire, et que vous recommandiez le cours à d'autres personnes ! Cela aidera également d'autres personnes intéressées à prendre leur décision. Merci beaucoup et à bientôt.

Livres sur des sujets que vous pourriez également apprécier

Tous les livres sont disponibles en ligne sur les principales plateformes de vente. Il est préférable de rechercher le titre ou de visiter ma page d'auteur. Certains livres peuvent ne pas encore être publiés et ne seront pas disponibles avant un certain temps. Jetez un coup d'œil aux livres de votre choix et recevez-les chez vous sous forme de livre électronique ou de livre de poche !

Impression 3D :

CAO, FEM, FAO (Création d'objets 3D, Conception, Simulation) :

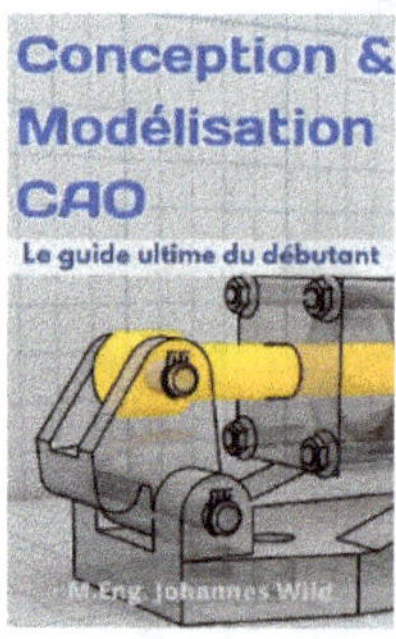

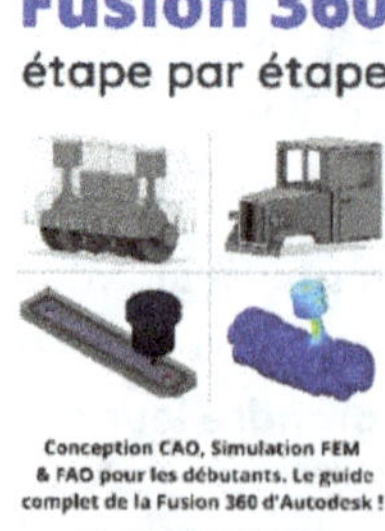

Ingénierie électrique :

Programmation et autres logiciels :

Des cours vidéo identiques sont également disponibles pour certains de ces livres :

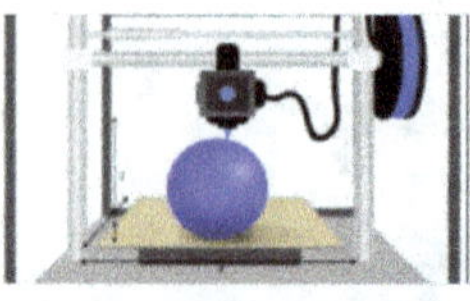

L'impression 3D | Un guide étape par étape
Le guide pratique pour les débutants créé par un ingénieur! Conçu pour une entrée immédiate dans l'impression 3D!
M.Eng. Johannes Wild
4.1 ★★★★☆ (32)
1.5 total hours • 20 lectures • All Levels
Highest rated

La conception en CAO | Modélisation pour débutants
Le guide pratique pour débutants pour créer des objets 3D avec un logiciel de CAO gratuit (pour l'impression 3D,...)
M.Eng. Johannes Wild
5.0 ★★★★★ (2)
1.5 total hours • 15 lectures • All Levels

Fusion 360 étape par étape | CAO, FEM et FAO pour débutants
Le guide pratique d'AUTODESK FUSION 360 ! Apprenez la conception, la simulation et la fabrication auprès d'un ingénieur
M.Eng. Johannes Wild
3.9 ★★★★☆ (7)
3.5 total hours • 24 lectures • Beginner

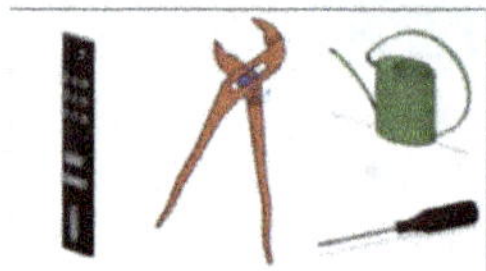

Fusion 360 | Projets de conception CAO - Partie 1
10 projets de conception CAO simples ou de difficulté moyenne expliqués pas à pas aux utilisateurs avancés
M.Eng. Johannes Wild
2 total hours • 12 lectures • Intermediate
New

...

Pour l'achat, vous pouvez vous décider sur la plateforme d'apprentissage "Udemy" :

Recherchez mon nom sur www.udemy.com :

M.Eng. Johannes Wild ou utilisez le lien suivant :

www.udemy.com/courses/search/?src=ukw&q=m.eng.+johannes+wild

Inscrivez-vous dès aujourd'hui et approfondissez vos connaissances !

Mentions légales de l'auteur / de l'éditeur